Vier Jahre ungarisches Grundgesetz

Studien des Instituts für Ostrecht München

Begründet von Professor Dr. Reinhart Maurach
Herausgegeben von
Professor Dr. Friedrich-Christian Schroeder,
Dres. h. c., Regensburg

Band 80

PL ACADEMIC RESEARCH

Herbert Küpper / Zoltán Csehi / Csaba Láng (Hrsg.)

Vier Jahre ungarisches Grundgesetz

PL ACADEMIC RESEARCH

Bibliografische Information der Deutschen Nationalbibliothek
Die Deutsche Nationalbibliothek verzeichnet diese Publikation in der Deutschen Nationalbibliografie; detaillierte bibliografische Daten sind im Internet über http://dnb.d-nb.de abrufbar.

ISSN 0073-8492
ISBN 978-3-631-67166-5 (Print)
E-ISBN 978-3-653-06541-1 (E-Book)
DOI 10.3726/978-3-653-06541-1

PL Academic Research ist ein Imprint der Peter Lang GmbH.

Peter Lang – Frankfurt am Main · Bern · Bruxelles · New York · Oxford · Warszawa · Wien

Diese Publikation wurde begutachtet.

www.peterlang.com

Inhalt

Dr. Csaba Láng, Präsident der Deutsch-Ungarischen Juristenvereinigung

Vorwort

Die Deutsch-Ungarische Juristenvereinigung e.V. (nachfolgend: DUJV) wurde am 27. Juni 1985 in Karlsruhe gegründet. Ihre Ziele sind die Förderung der Beziehungen zwischen Deutschland und Ungarn auf juristischem Gebiet, die Verbreitung und Vertiefung der Kenntnis des ungarischen Rechts in Deutschland und des deutschen Rechts in Ungarn sowie die Herstellung und Förderung beruflicher und persönlicher Beziehungen zwischen deutschen und ungarischen Juristen. Dieser Zielsetzung folgend veranstaltet die DUJV seit ihrem Bestehen zusammen mit ihrem zeitgleich in Ungarn gegründeten Partnerverein „Magyar-Német Jogász Egyesület" einmal jährlich einen Kongress zu einem aktuellen juristischen Thema. Dabei sind die Veranstaltungsorte alternierend in einem Jahr in Ungarn und im nächsten in Deutschland.

Das am 1.1.2012 in Kraft getretene neue ungarische Grundgesetz hat für Schlagzeiten gesorgt, noch dazu, insbesondere in Deutschland, für negative. Die Kritiken waren teilweise berechtigt, teilweise aber polemisch oder gar unwahr. Aufgrund von Interventionen der Europäischen Kommission und der Europäischen Kommission für Demokratie durch Recht (Venedig-Kommission), die die Staaten verfassungsrechtlich berät, kam es zu mehreren Änderungen und Ergänzungen des Grundgesetzes. Das Anliegen der DUJV war es, nach einer Phase von rund vier Jahren Praxiserfahrung mit dem neuen ungarischen Grundgesetz in der Jahrestagung 2015 in Regensburg eine juristische Analyse vorzunehmen. Hierzu ist es uns, auch dank der tatkräftigen Unterstützung des Instituts für Ostrecht, gelungen, namhafte Referenten zu gewinnen, u.a. den Präsidenten der ungarischen Kurie, Dr. Peter Darák, und den Vize-Präsidenten des ungarischen Verfassungsgerichts, Dr. Tamás Sulyok, sodass wir über unsere Tagung einen authentischen und aktuellen Eindruck über das Tagungsthema „Dreieinhalb Jahre Ungarisches Grundgesetz: Umsetzung, Erfahrungen, Kritik" gewinnen konnten, den wir Ihnen mit der nachfolgenden aktualisierten Veröffentlichung weitergeben möchten.

Der Band beginnt mit einer Bestandsaufnahme und Bewertung der westlichen Berichterstattung über das ungarische Grundgesetz und greift dann aus den Staatsgrundsatznormen die besonders umstrittene Rolle der Religion heraus, bevor er zu einem der wichtigsten Grundrechte, dem Wahlrecht und dem

Wahlsystem, übergeht. Es schließen sich Beiträge zum Staatsorganisationsrecht an: zum Parlamentsrecht, zum Verfassungsgericht und zu dessen Verhältnis zur ordentlichen Justiz, das durch die Einführung der Urteilsverfassungsbeschwerde eine wesentliche Neuerung erfahren hat.

Prof. Dr. Zoltán Csehi, Präsident der Magyar-Német
Jogász Egyesület

Vorwort

Die deutsch-ungarischen Beziehungen blicken auf eine Vergangenheit von mehreren hundert, ja sogar mehr als tausend Jahren zurück. Einige Ereignisse aus dieser Vergangenheit sind dabei mit Regensburg verbunden. In der Schlacht auf dem Lechfeld im Jahre 955 erlitten die von Bulcsu, Lél und Sur angeführten ungarischen Truppen eine Niederlage gegen den deutschen Kaiser Otto I. Die drei Heerführer wurden festgenommen und in Regensburg hingerichtet. Wenig später, nachdem das Herzogtum Bayern Kontakte zu Byzanz ausgebaut hatte, fand unser König Stephan I. der Heilige seine Gattin in der Person von Königin Gisela, Tochter des bayerischen Herzogs Heinrich II. So wurde Gisela zur ersten Königin des christlichen Ungarns. Unter denjenigen, die die Ehe unterstützt hatten, blieb in der Chronik auch der Name Wolfgangs, des Bischofs von Regensburg, erhalten. Im Anschluss an die Eheschließung kamen zusammen mit Gisela zahlreiche Mönche aus Regensburg an, die gegenüber der Burg von Neutra, auf dem Berg Zobor, ein Mönchskloster gründeten.

Regensburg ist nun der Ort eines besonderen Kulturaustauschs, wenn wir die Schaffung des ungarischen Grundgesetzes bewerten. Die Debatte, die das ungarische Grundgesetz bei seiner Schaffung hervorrief, betrachten wir nun, aus der Entfernung von einigen Jahren, anders als damals, in der Hitze der Diskussion. Auch im Nachhinein verstehen wir nicht, was der wirkliche Grund war, der die Diskussion wirklich auslöste: 1) Die Tatsache, dass die ungarische Nation mit verfassunggebender Kraft in Europa auftrat und diese verfassunggebende Kraft nicht vom linken politischen Spektrum unserer Tage kam? 2) Oder eher die Frage, wie eine derart nationale und auf eine spezielle Art nationale Verfassung in der europäischen Integration gedeutet werden kann? 3) Oder: Was wollen die Ungarn im postmodernen Europa mit Zauberworten wie Familie, Volk, Nation und ähnlichem ausdrücken, die bis in das gar nicht so nahe 19. Jahrhundert zurückreichen? Die Antworten auf diese Fragen können abweichen, sicher ist aber, dass das Grundgesetz zu einem Teil des Alltags des ungarischen Volkes und der ungarischen Nation geworden ist, unabhängig davon, ob es sich um Laien oder Juristen handelt. Ich wage sogar zu formulieren, dass dieses Grundgesetz all jenen, die es akzeptieren und daran glauben, einen viel stärkeren Glauben gibt als alles andere, was damit vergleichbar wäre. Natürlich dürfen wir auch all diejenigen nicht vergessen, die die Legitimation und Glaubwürdigkeit des Grundgesetzes bereits seit seiner Geburt ablehnten und es ändern wollen. Diese künstliche Gespaltenheit ist der Fluch und das Schicksal unseres Landes, und es scheint uns eine hoffnungslose Aufgabe, die kulturellen und sonstigen Gegensätze dieser Gespaltenheit aufzulösen. Trotzdem spornen uns der Dialog, das gegenseitige Zuhören und die heilende Wirkung der Zeit dazu an, dass das Grundgesetz nicht nur geschaffen wurde, lebt und seine Wirkung entfaltet, sondern auch in der Lage sein wird, Kompromisse zu vermitteln.

Wir danken unseren deutschen Freunden für die Einladung, für diese Diskussion und die geistige Herausforderung und hoffen, dass die Vorträge und Diskussionen dieses Bandes das kulturelle Verständnis zwischen unseren Nationen und die gegenseitige Wertschätzung verstärken werden.

Prof. Dr. Dr. h.c. Herbert Küpper

Institut für Ostrecht München

Das ungarische Grundgesetz im Spiegel der deutschsprachigen Medien

Abstract: The new Hungarian Basic Law was heavily criticised in both domestic and Western media. The Western media, however, did not always cover the content of the Basic Law correctly. Some statements were simply false (e.g. that the Basic Law abolished the republic), others distorted (e.g. that the Basic Law made national or Christian values obligatory, or that it abolished democracy). On the other hand, quite a few problematic aspects of the Basic Law were never even mentioned in Western media. This essay examines the criticism of the Western media and the critical points of the Hungarian Basic Law from a legal point of view, thus trying to give the sometimes quite emotional debate a foundation in the text and in the legal facts of the Basic Law.

Inhalt

I. Allgemeiner Befund

Seit 2010 haben Ungarn und sein 2011 erlassenes Grundgesetz[1] eine schlechte Presse. In den deutschsprachigen und generell in den westlichen Medien war über die ungarische Verfassung und die anschließende Gesetzgebung viel Kritisches zu lesen und zu hören. Manches ist schlicht falsch, anderes ist zumindest stark verzerrt. Andererseits wurden und werden manche kritikwürdigen Aspekte der ungarischen Verfassung und ihrer Umsetzung in den deutschsprachigen Medien überhaupt nicht erwähnt.

Hier ist nicht der Ort, vertiefte Ursachenforschung zu betreiben. Es sei dennoch festgehalten, dass die Gründe für dieses Medienphänomen sowohl auf ungarischer Seite, insbesondere bei der ungarischen Regierung, als auch bei den (westlichen) Medien zu suchen sind.

Die ungarische Regierung pflegt v.a. mit ausländischen Journalisten einen dilettantischen Kommunikationsstil, der häufig als monologisch und aggressiv empfunden wird und in seiner Hysterie bisweilen an den Verfolgungswahn kommunistischer Regime erinnert. Das betrifft v.a. das Ministerpräsidialamt, wo die Kommunikation mit dem Ausland und der ausländischen Presse in starkem Maße zentralisiert ist. Die dort Beschäftigten sind v.a. nach politischer Linientreue, aber nicht unbedingt nach kommunikativen oder journalistischen Fähigkeiten ausgewählt. Daneben kommen Akteure, die wie die Auslandsvertretungen professionellere Kommunikation betreiben könnten, nicht richtig zum Zug. Im Ergebnis finden westliche Medien, die über Ungarn mehr als nur die amtliche Propaganda

1 Ungarns Grundgesetz vom 25. April 2011, deutsche Übersetzung bis einschließl. 4. GrundG-Änderung von *Herbert Küpper* in *Hufeld, Ulrich / Epiney, Astrid / Merli, Franz* (Hrsg.): Europäisches Verfassungsrecht, 3. Aufl. Baden-Baden 2014, S. 742–780.

berichten wollen, oft nur in der Opposition kommunikationsfähige und -willige Gesprächspartner. In der unverhältnismäßig starken Berücksichtigung oppositioneller Positionen in westlichen Medien spiegelt sich daher auch der kommunikative Autismus des zentralen Regierungsapparats wieder.

Hinzu kommt, dass viele Maßnahmen, die bei näherem Hinsehen vernünftig oder jedenfalls „halb so schlimm" sind, von einer lauten und aggressiven, oft antieuropäischen Rhetorik begleitet werden. Auch wenn dieses Säbelrasseln v.a. innenpolitischen Zielen dient, wird es im Ausland sehr wohl wahrgenommen, was die ungarische Regierung nicht hinreichend berücksichtigt. Insbesondere reagiert sie auf Nachfragen westlicher Partnerregierungen oder westlicher Medien oft patzig mit dem Hinweis, dass die nationale Souveränität ein solches Vorgehen und eine solche Rhetorik gestatte.

Den Medien[2] wiederum ist vorzuhalten, dass ihre ohnehin inakkurate Berichterstattung über juristische Sachverhalte bei Rechtsakten des Auslands noch an Fehlerhaftigkeit zunimmt. Im hektischen Tagesgeschäft nehmen sich nur die wenigsten Journalisten die Zeit für eine vertiefte Recherche. Hinzu kommt, dass bei vielem Medien die Devise gilt: „Only bad news are (good) news", sodass negative Entwicklungen – oft in alarmistischem Ton – genüsslich ausgebreitet werden, während dieselben Medien bei positiven Sachverhalten keinen hinreichenden Anreiz für den „Aufmerksamkeitsmarkt" sehen.

Die Deutsch-Ungarische Juristenvereinigung und das Institut für Ostrecht haben schon in mehreren gemeinsamen Veranstaltungen, in Zusammenarbeit u.a. mit der ungarischen Botschaft in Deutschland, dem ungarischen Generalkonsulat München, den Universitäten Potsdam und Szeged, der Südosteuropa-Gesellschaft und dem bayerischen Justizministerium große publikums- und medienwirksame Fachtagungen zum ungarischen Grundgesetz organisiert. Nach all diesen Veranstaltungen wurde ich von Vertretern der Qualitätsmedien angegangen, die ausdrücklich für eine ausgewogene, Positives und Negatives gleichermaßen benennende Darstellung dankten und ihre Erfahrungen bei der Berichterstattung über Ungarn schilderten. Sie sind sich durchaus bewusst, dass ihre Informationslage einseitig ist und v.a. durch die Opposition gefüttert wird. Da sie von ungarischen Regierungsstellen selten professionelle, journalistisch verwertbare Informationen

2 Eine kritische Analyse der Medienberichterstattung liefert Deutsche Gesellschaft für Auswärtige Politik (Hrsg.): Ungarn in den Medien 2010–2014. Kritische Reflexionen über die Presseberichterstattung. Abschlussbericht der Arbeitsgruppe Ungarn von *Klaus v. Dohnanyi* (Vorsitzender), *Ágnes Gelencsér*, *Dániel Hegedűs*, *Gereon Schuch*, DGAP-Bericht Nr. 29, Berlin, Mai 2015. Neben der zitierten deutschsprachigen Ausgabe liegt der Bericht auch in Ungarisch und Englisch vor.

erhalten, ist für sie ein Ausbrechen aus dieser Einseitigkeit schwierig. Hier liegt u.a. eine Aufgabe für die Deutsch-Ungarische Juristenvereinigung: der deutschen journalistischen, Fach- und allgemeinen Öffentlichkeit ausgewogene und sachbezogen kritische Informationen über Ungarn und sein Rechtssystem zur Verfügung zu stellen. Der Hunger nach derartigen nicht einseitigen Informationen in der deutschen Öffentlichkeit ist erfahrungsgemäß groß.

Einen gewissen Einfluss auf das Ungarn-Bild im Westen hat auch die Venedig-Kommission, die nicht nur das Grundgesetz, sondern auch zahlreiche andere ungarische Gesetzgebungsprojekte und -akte begutachtet hat und dabei auch nicht nur Zutreffendes äußert. Erste Verfälschungen ergeben sich bereits aus fehlerhaften Übersetzungen; in Bezug auf die Verfassungsbestimmungen zu den Zweidrittelgesetzen ist dies der Kommission auch aufgefallen und wird in ihrem Bericht thematisiert[3]. Hier wäre v.a. der ungarische Staat in der Pflicht, anstelle der bisherigen meist überaus schlechten Übersetzungen brauchbare englisch- und/oder deutschsprachige Fassungen wichtiger Texte zu erstellen. Darüber hinaus ist der Maßstab der Venedig-Kommission begrenzt und ihre Herangehensweise meist akademisch, weshalb ihre Berichte für die Verwertung durch Medien häufig nicht gut geeignet sind.

In der Folge werden in Bezug auf das neue ungarische Grundgesetz und die begleitende Gesetzgebung[4] einige in deutschsprachigen Medien besonders behandelte Punkte herausgegriffen (Punkt II.). Abschließend werden einige Fragenkreise

---

3 Venedig-Kommission, Stellungnahme CDL-AD(2011)016 vom 17.-18. Juni 2011.

4 Darstellungen des neuen ungarischen Verfassungsrechts in westlichen Sprachen finden sich bei *Jakab, András / Sonnevend, Pál*: Kontinuität mit Mängeln: Das neue ungarische Grundgesetz, Zeitschrift für ausländisches öffentliches Recht und Völkerrecht 2012, S. 79–102; *Küpper, Herbert*: Ungarns Verfassung vom 25. April 2011. Einführung – Übersetzung – Materialien, Studien des Instituts für Ostrecht München Bd. 70, Frankfurt/M. 2012; *Küpper, Herbert*: Ungarns neues Grundgesetz von 2011 und seine Änderungen, Wirtschaft und Recht in Osteuropa 2013, S. 353–360, 2014, S. 8–13; *Küpper, Herbert*: Ungarns neues Grundgesetz von 2011. Kein Grund zum Jubel, aber auch noch nicht das Ende der Demokratie, Südosteuropa-Mitteilungen 2012/3, S. 80–101; *Schanda, Balázs / Varga, András Zs. / Csink, Lóránt* (Hrsg.): The Basic Law of Hungary: A First Commentary, Dublin 2012; *Tóth, Gábor Attila*: Constitution for a Disunited Nation. On Hungary's 2011 Fundamental Law, Budapest 2012; *Vincze, Attila*: Die neue Verfassung Ungarns, Zeitschrift für Staats- und Europawissenschaften 2012/1, S. 110–120; *Vincze, Attila / Varjú, Márton*: Hungary – The New Fundamental Law, European Public Law 2012, 436–453. Der Regierungsstandpunkt wird aufgezeigt in *Ablonczy, Bálint*: Gespräche über das Grundgesetz Ungarns. Bálint Ablonczy im Gespräch mit József Szájer und Gergely Gulyás, Budapest 2012.

benannt, die in den deutschsprachigen Medien nicht behandelt wurden, aber aus fachlicher Sicht dennoch Anlass zu Bedenken geben können (Punkt III.).

II. Einige Aspekte, die die deutschsprachigen Medien am Grundgesetz und der ausführenden Gesetzgebung kritisiert haben

1. Erlassverfahren

Dem Grundgesetz wurde oft vorgeworfen, es sei in einem intransparenten und undemokratischen Verfahren erlassen worden. Darauf braucht eigentlich nicht mehr näher eingegangen zu werden, weil es sich um einen abgeschlossenen Sachverhalt handelt. Dennoch: Die Kritik an der Transparenz des Verfahrens ist im Wesentlichen gerechtfertigt. Weder die Opposition noch die politische oder die Fachöffentlichkeit waren in das Verfahren so einbezogen, dass sie ihre Vorstellungen und Argumente in der Sache so hätten vorbringen können, dass es einen echten Einfluss auf das Verfahren gehabt hätte.

Nachdem monatelang ein enger Zirkel v.a. aus Mitgliedern der Fidesz-Führungsriege an einem Entwurf gearbeitet hatte, ohne dass Informationen nach außen gegeben wurden, wurde der Entwurf, als er einmal fertig war, in einem Monat durch den ganzen parlamentarischen Prozess gepeitscht: Für die Beratungen waren insgesamt nur neun (!) Sitzungstage im Plenum anberaumt. Das kann nur als willfährige Selbstentmündigung des Parlaments bezeichnet werden. Offiziell begründet wurde dieses Verfahren durch den Wunsch, bereits ein Jahr nach dem Wahlsieg von 2010 über eine neue Verfassung zu verfügen. Da die alte Verfassung aber ein sinnvolles Arbeiten der Regierung und des politischen Systems durchaus erlaubte und ihrerseits durch 11 Änderungen zwischen Mai 2010 und Dezember 2011 an die Wünsche der Fidesz-Regierung angepasst worden war[5], gab es für die selbst dekretierte Eile keinerlei objektiven Gründe: Es handelte sich um einen voluntaristischen Wunsch der Parteiführung, dem Transparenz, parlamentarische Substanz und auch handwerkliche Qualität geopfert wurden – auch viele kleine Ungenauigkeiten und Schlampigkeiten in der Formulierung hätten problemlos mit ein wenig mehr Sorgfalt vermieden werden können.

Auf diese Mängel angesprochen, entgegneten mehrere hochrangige Regierungspolitiker in Interviews, man könne ja nachbessern, und das ist in dem

---

5 Näher zu diesen Änderungen *Küpper*, Ungarns Verfassung (Fn. 4), S. 18–31 (dort auch mit den Übersetzungen der einzelnen Änderungen).

kurzen Zeitraum seit Inkrafttreten auch schon fünfmal passiert. Diese Herangehensweise zeigt, dass die Verfassung nicht ernst genommen wird, was die gesamte Verfassungsidee in Frage stellt. Die nach außen darstellte Haltung der Fidesz-Führung ähnelt in manchem dem Standpunkt des *Kádár*-Regimes gegenüber „seiner" Verfassung: ein instrumentelles Verständnis, das der Verfassung keinen eigenen Wert zubilligt.

Dieselbe instrumentelle Haltung gegenüber der Verfassung spiegelt sich in deren häufigen Änderungen: Seit dem Inkrafttreten wurde sie bereits fünfmal geändert[6]; eine sechste Änderung ist in Vorbereitung. Diese teils recht überhasteten Änderungen erfolgten nach tagespolitischen Bedürfnissen und erhoben mehrfach vom Verfassungsgericht beanstandete einfach-gesetzliche Regelungen in Verfassungsrang, um sie verfassungsgerichtsfest zu machen. Dies führt zu inneren Widersprüchen im Grundgesetz und zeugt von wenig Respekt vor der Verfassung, die dank der Zweidrittelmehrheit zur Verfügungsmasse der aktuellen Wünsche und Bedürfnisse der Regierung gemacht werden kann.

Der Vorwurf mangelnder demokratischer Substanz im Erlassverfahren ist hingegen nicht so einfach zu bejahen wie der Vorwurf mangelnder Transparenz. Die bereits benannte Entmündigung des Parlaments war eine Selbstentmündigung, keine von außen kommende Beschneidung parlamentarischer Befugnisse.

Formal folgte das Verfassunggebungsverfahren den Vorgaben der alten Verfassung. Da die Fidesz-Regierung über die Zweidrittelmehrheit im Parlament verfügte, besaß sie die verfassungsändernde Mehrheit und war auf die Mitwirkung der Opposition nicht angewiesen. Sie folgte auch nicht dem Präzedenzfall der sozialliberalen Koalition 1994–1998, die ebenfalls über eine Zweidrittelmehrheit verfügt hatte. Die sozialliberale Koalition bewies Gespür für die Bedeutung eines Verfassunggebungsprozesses und hob seinerzeit für die Dauer ihrer Legislaturperiode die Schwelle der Verfassunggebung auf vier Fünftel an[7], um die Opposition im Verfassunggebungsverfahren nicht zu marginalisieren. Der Preis für dieses Entgegenkommen gegenüber der demokratischen Bedeutung des Verfassunggebungsprozesses bestand allerdings darin, dass eine neue Verfassung nicht zu

---

6 1. GrundG-Änderung: 18.6.2012; 2. GrundG-Änderung: 9.11.2012; 3. GrundG-Änderung: 21.12.2012; 4. GrundG-Änderung: 25.3.2013; 5. GrundG-Änderung: 26.9.2013. Hierzu *Zeller, Judit*: Nicht so beständig … Die jüngsten Novellen des Grundgesetzes Ungarns im Kontext der Entscheidungen des Verfassungsgerichts, Osteuropa-Recht 2013, S. 307–325.

7 § 24 Abs. 5 Gesetz 1949:XX über die Verfassung der Republik Ungarn i.d.F. ab dem 4.6.1995. Eine deutsche Übersetzung der alten Verfassung und der Änderungen ab 2010 findet sich in *Küpper*, Ungarns Verfassung (Fn. 4), S. 277–422.

Stande kam. Die Fidesz-Mehrheit ab 2010 zeigte keine derartigen demokratischen Skrupel und nutzte – formal durchaus korrekt – ihre Zweidrittelmehrheit, um eine Verfassung nach ihrem Gusto zu erlassen und die Opposition von jeder substanziellen Mitwirkungsmöglichkeit auszuschließen.

Auch dass es kein Referendum gegeben hat, ist formal-rechtlich nicht zu beanstanden, da die alte Verfassung ein solches für die Änderung der vorhandenen oder den Erlass einer neuen Verfassung nicht vorsah. Dennoch hätte ein Referendum – im Fall der Zustimmung des Volkes – die politische Legitimität des neuen Grundgesetzes erhöht; angesichts der Umfragewerte war diese Zustimmung aber alles andere als sicher. Der von ungarischer Regierungsseite vorgebrachte Verweis auf das deutsche Grundgesetz, das 1949 auch in einem rein parlamentarischen Verfahren ohne Mitwirkung des Volkes erlassen wurde, kann das ungarische Vorgehen nicht „entschärfen", sondern zeigt vielmehr die gesamte Problematik auf, wenn heutzutage eine Verfassung ohne Bekräftigung durch den Souverän in Kraft gesetzt wird: 1949 sprachen sich v.a. die Alliierten gegen ein Referendum aus, weil sie dem deutschen Volk, das noch vier Jahre zuvor den totalen Krieg bejubelt hatte, zutiefst misstrauten. Als Präzedenzfall für den referendumslosen Erlass einer Verfassung ist das deutsche Grundgesetz von 1949 daher von zweifelhafter Aussagekraft.

Statt eines Referendums über den fertigen Text wurde vielmehr während des Erlassverfahrens eine demokratische Rückkoppelung im Wege der sog. „Nationalen Konsultation" simuliert. Alle Haushalte erhielten Fragebögen mit zwölf Detailfragen und einer Liste möglicher Antworten, die je nach gewünschtem Ergebnis von „ja" bis „vielleicht" oder von „ja" bis „nein" reichten. Dies sollte innerhalb von 14 Tagen beantwortet werden, was viele Menschen überforderte: Von ca. 8 Mio. verschickten Fragebögen wurden nur etwas mehr als 900.000 zurückgesandt. Diese informelle Erfragung des „Volkswillens" hat überhaupt keinen demokratischen Aussagewert.

2. Politische Einseitigkeit

Der Vorwurf, das Grundgesetz sei politisch einseitig und eine reine Fidesz-Verfassung, trifft in großem Maße zu. Idealtypisch kann eine Verfassung eine mehr oder weniger wertneutrale Spielregelverfassung sein; als eine solche wird die alte Verfassung (1989–2011) bezeichnet[8]. Oder eine Verfassung kann eine werthaltige Verfassung sein, die über ihre Werte auch Inhalte und nicht nur Spielregeln

8 Zu der alten Verfassung s. *Küpper, Herbert*: Die ungarische Verfassung nach zwei Jahrzehnten des Übergangs. Einführung mit Textübersetzung, Studien des Instituts für Ostrecht München Bd. 56, Frankfurt/M. 2007.

vorgibt. Beide Typen von Verfassung gelten als legitime Ausgestaltung der rechtlichen Basis eines modernen demokratischen Rechtsstaates.

Das neue ungarische Grundgesetz will werthaltig sein[9]. Das Problem ist, dass seine Werte politisch einseitig sind: Das Grundgesetz bedient nur Anhänger des rechten Spektrums, während liberale oder linke Identifikatiosangebote absichtlich fehlen. Es soll bereits bei oberflächlicher Lektüre als „Fidesz-Grundgesetz" erkennbar sein und die Wählergruppen, die Fidesz nicht wählen, ganz bewusst aus dem Verfassunggebungsprozess und aus dem Wertesystem der Verfassung ausschließen.

Damit verfehlt das ungarische Grundgesetz den Zweck einer Verfassung: Eine Verfassung soll den Konsens des gesamten Volkes ausdrücken, egal ob nur in den Spielregeln oder auch in den Werten. Eine Verfassung, die man schon auf den ersten Blick mit nur einem der politischen Lager identifizieren kann, verfehlt diesen Zweck und damit ihre Daseinsberechtigung insgesamt.

Auch macht diese Einseitigkeit es schwer, dass das Grundgesetz auf Dauer durch die Zustimmung der gesamten Bevölkerung „legitimiert" wird und so das legitimatorische Manko des fehlenden Verfassungsreferendums kompensieren kann. Beim deutschen Grundgesetz, das ja ebenfalls ohne Referendum zu Stande gekommen ist, wird auf diese nachträgliche allgemeine Akzeptanz im ganzen Volk großes Gewicht gelegt; dem ungarischen Grundgesetz ist angesichts seiner Einseitigkeit ein solcher Weg wohl versagt.

3. „Ende der Republik" und monarchische Symbole

In der Zeit unmittelbar nach dem Erlass des Grundgesetzes war zu lesen, dass Ungarn die Republik abgeschafft habe. Diese Aussage ist inhaltlich falsch, denn Art. A) Abs. 2 GrundG definiert die Staatsform Ungarns ausdrücklich als „Republik" (*köztársaság*). Auch trägt das Staatsoberhaupt weiterhin die Amtsbezeichnung „Präsident der Republik" (*köztársasági elnök*).

Zutreffend ist allerdings, dass die Bezeichnung „Republik" aus dem Staatsnamen gestrichen wurde, sodass das Land nur noch „Ungarn" (*Magyarország*) heißt. Die Beseitigung der Republik aus dem Staatsnamen soll eine alte Namensform wiederherstellen[10]. Man kann die Streichung auch als eine gewisse Spitze der neuen

9 Zu Kontinuitäten und Diskontinuitäten in der Werteordnung von alter und neuer Verfassung s. den Beitrag von *T. Sulyok* in diesem Band, Punkt III.–IV.

10 Zu den historischen Namensformen, von denen „*Magyarország*" eine ist, s. *Jakab, András*: Az új Alaptörvény keletkezése és gyakorlati következményei, Budapest 2011, S. 186.

Verfassungsordnung gegen die sog. republikanischen Werte ansehen, die aber in Ungarn ohnehin nie besonders ausgeprägt waren.

Die Streichung der Republik aus dem Staatsnamen verstärkte im Ausland den Effekt, den eine andere Textstelle im Grundgesetz hat, nämlich die Hervorhebung der Heiligen Krone. Im 21. Jahrhundert kann es durchaus Befremden auslösen, wenn eine demokratische Republik ein Staatssymbol betont, das sehr stark monarchisch-ständische Assoziationen weckt. Hinzu kommt, dass die Heilige Krone von manchen als Symbol für Großungarn in den Grenzen vor 1920 verwendet wird und daher revisionistische Ideen verkörpern kann.

Aus ungarischer Sicht mag es gute Gründe geben, warum die Heilige Krone auch heute noch ein adäquates Symbol für die ungarische Staatlichkeit und den ungarischen Staat ist. Diese Gründe sind aber für die europäischen Partner Ungarns nicht offensichtlich, sodass entsprechende Nachfragen legitim sind – immerhin teilen sich die EU-Partner Hoheitsgewalt mit Ungarn und haben daher ein genuines Interesse zu erfahren, wie die ungarische Staatlichkeit organisiert und symbolisiert ist. Diese Gründe den europäischen Partnern zu erklären wäre Aufgabe der ungarischen Regierung – die aber in der Regel entsprechende Fragen beleidigt als Einmischung in innere Angelegenheiten Ungarns zurückweist.

4. „Ende der Demokratie“

a) Demokratie im Grundgesetz

Häufig war und ist zu lesen und zu hören, das neue Grundgesetz habe die Demokratie abgeschafft oder zumindest entscheidend geschwächt. Auf der Ebene des Verfassungstexts trifft diese Kritik nicht zu: Seine demokratische Substanz bleibt nicht hinter der anderer europäischer Verfassungen oder seiner Vorläuferregelung zurück. Selbstverständlich gibt es Detailprobleme wie z.B. die Einschränkung der parlamentarischen Haushaltshoheit oder die Zweidrittelgesetze[11]. Im Großen und Ganzen ist das Grundgesetz als Text jedoch nicht als undemokratisch zu bezeichnen.

b) Wahlrecht

Demokratische Bedenken wirft hingegen das Wahlrecht auf, allerdings weniger auf Verfassungsebene, sondern mehr in seiner einfach-gesetzlichen Ausprägung[12].

11 Näher hierzu Punkte III. 1. und III. 2.

12 Näher hierzu der Beitrag von *Sonja Priebus* in diesem Band; *Priebus, Sonja*: Ungarn nach den Parlamentswahlen 2014 – Alles beim Alten?, Südosteuropa-Mitteilungen

Das 2011 und 2013 neu erlassene Wahlrecht[13] schleppt ein altes Problem mit: die unverhältnismäßige Belohnung des Gewinners. Die gibt es schon seit der Wende 1989/90 und ist auch politisch gewollt, um stabile Regierungen zu ermöglichen. In den Wahlen 2014 hat es zu in dem Ausmaß noch nicht dagewesenen, extremen Verzerrungen geführt. In den nach altem Wahlrecht durchgeführten Wahlen vermittelten Fidesz ca. 52 % der abgegebenen Stimmen eine komfortable Zweidrittelmehrheit im Parlament, während Fidesz in den Wahlen 2014 weniger als 45 % der Stimmen erhielt, was aber nach neuem Recht ausreichte, um genau zwei Drittel der Mandate zu erringen[14].

Auch einige Neuerungen im Wahlrecht sind demokratisch bedenklich. So passte das Wahlgesetz 2011 die Wahlkreise an die – durchweg positiv zu bewertende – Verkleinerung des Parlaments von bisher 386 auf nunmehr 199 Abgeordnete an und gestaltete die Wahlkreise so aus, dass Fidesz maximal begünstigt wird. Mit der heutigen Wahlkreiseinteilung hätte Fidesz auch in etlichen früheren Parlamentswahlen besser abgeschnitten als tatsächlich geschehen. Das Wahlgesetz 2011 treibt das sog. *gerrymandering* auf die Spitze. Zudem können diese Wahlkreisgrenzen nur durch Zweidrittelgesetz abgeändert werden. Auch hier wird deutlich, dass es in Ungarn an einer politischen Kultur fehlt, die solche Missbräuche kontrolliert und eingrenzt.

Für das Wahlverfahrensrecht von 2013 war zunächst geplant, dass die vorherige Registrierung eines Wählers Voraussetzung für dessen Teilnahme an der Wahl sein sollte. Diese neue bürokratische Hürde sollte v.a. Wechsel- und Protestwähler abschrecken. Diese Vorschriften sind jedoch am Verfassungsgericht gescheitert, das hierin eine grundlose Einschränkung des aktiven Wahlrechts gesehen hat[15],

---

2014/5-6, S. 72–89; *Drinóczi, Tímea*: Constitutional Dialogue and Legislation on Parliamentary Election in Hungary – 2010–2014, Osteuropa-Recht 2014, S. 452–467.

13 Von zentraler Bedeutung sind Gesetz 2011:CCIII über die Wahl der Parlamentsabgeordneten v. 30.12.2011 und Gesetz 2013:XXXVI über das Wahlverfahren v. 18.4.2013.

14 Da nach ungarischer parlamentarischer Tradition der Parlamentspräsident von der stärksten Fraktion gestellt wird, selbst aber kein Stimmrecht hat, wurde die diesbezügliche Vorschrift der Geschäftsordnung des Parlaments unmittelbar nach Feststellung des Wahlergebnisses geändert: Auch der Parlamentspräsident erhielt ein Stimmrecht, damit Fidesz auch in Abstimmungen zwei Drittel der Stimmen für sich verbuchen kann. Zur Rolle der Geschäftsordnung des Parlaments in Ungarn s. den Beitrag von *Z. Szabó* in diesem Band, Punkt III.

15 Da die Melderegister auch bisher schon alle notwendigen Daten der Wähler geliefert haben, erfüllte die zusätzliche Wählerregistrierung keinerlei administrativen oder sonst nachvollziehbaren Zweck: Verfassungsgerichtsentscheidung 1/2013. (I. 7.) AB v. 7.1.2013.

und anschließend auch nicht durch Verfassungsänderung auf Verfassungsebene gehoben worden; das Wahlverfahrensgesetz schreibt daher eine vorherige Registrierung nur noch für Wähler vor, die von besonderen Rechten Gebrauch machen wollen (Behinderte; ethnische Minderheiten) oder die keinen Wohnsitz in Ungarn haben, sodass ihre Angaben nicht den Melderegistern entnommen werden können.

Problematisch erscheint auch die Reorganisation der Wahlausschüsse. Sie sind nicht mehr wie im alten Recht zwingend Allparteienausschüsse, sondern haben durch die enge Anbindung an die – meist von Fidesz dominierten – örtlichen Selbstverwaltungen ein deutliches Fidesz-Übergewicht erhalten, während die Zugangsschwellen für die anderen Parteien höher geworden sind.

Das neue Wahlrecht erfüllt ein Versprechen, das seit der Wende den ethnischen Minderheiten in der einen oder anderen Form gegeben worden ist: eine eigene parlamentarische Vertretung. Minderheitenangehörige können jetzt ihre Stimme auch für ethnische Kandidaten abgeben, allerdings müssen sie sich entscheiden, ob sie für die normalen Parteien oder den Kandidaten ihrer Minderheit stimmen. Die Hoffnung war, auf diese Weise viele Zigeuner[16], die traditionell sozialistisch wählen, von den Sozialisten weg- und hin zu ethnischen Zigeunerkandidaten zu locken. Diese Hoffnung hat sich in den Wahlen 2014 nicht erfüllt; es haben nur wenige Minderheitenangehörige für die Kandidaten ihrer Minderheit gestimmt. Die Hürde für ein privilegiertes Minderheitenmandat ist immer noch hoch, d.h. die notwendige Stimmenzahl übersteigt die Möglichkeiten der kleinen und extrem assimilierten Minderheiten. In den Parlamentswahlen 2014 haben selbst die größten Minderheiten, die Zigeuner und die Deutschen, keinen einzigen Abgeordneten ins Parlament entsenden können. Insofern läuft das von der Fidesz-Regierung propagandistisch sehr betonte ethnische Wahlrecht in der Praxis leer.

Abschreckend wirkt auf viele Minderheitenwähler auch das Nominierungsmonopol der landesweiten Minderheitenselbstverwaltung für die Parlamentskandidaten ihrer Minderheit: Es erinnert viele an das Nominierungsmonopol der Patriotischen Volksfront zu Zeiten des Sozialismus – eine Äußerung, die selbst

16 „Zigeuner“ (*cigány*) ist im Ungarischen ein Rechtsbegriff, weil u.a. das Minderheitenrecht diese Volksgruppe so bezeichnet. Zudem ist das bisweilen alternativ verwendete „Roma“ ungenau, weil es in Ungarn Zigeunergruppen jenseits der Roma gibt, die bei einer terminologischen Verengung auf Roma ausgeschlossen würden. Es soll allerdings nicht verkannt werden, dass *cigány* im Ungarischen ein ebenso vorurteilsbelasteter Terminus ist wie Zigeuner im Deutschen und leicht abwertend verstanden werden kann. Hier wird „Zigeuner“ als gesetzlich vorgegebenes Ethnonym und nicht abwertend gebraucht.

von Vertretern der Minderheitenverbände und Minderheitenselbstverwaltungen immer wieder zu hören ist.

c) Demokratie in der Praxis

Während die normative Grundlage der Demokratie – abgesehen vielleicht vom Wahlrecht – ausreichend erscheint, begründet sich der in Westeuropa entstandene Eindruck, dass die Zustände in Ungarn undemokratisch seien, durch Missstände in der Praxis.

Zunächst einmal ist die Zweidrittelmehrheit im Parlament eine Belastung für jede Demokratie. Mit dieser Zweidrittelmehrheit können die Regierung und ihre Partei tun, was sie wollen. Das System von *checks and balances* funktioniert nicht, wenn die Opposition weniger als ein Drittel der Mandate hat. Durch zwei Nachwahlen Anfang 2015 ist die parlamentarische Zweidrittelmehrheit für Fidesz verloren gegangen, und jetzt wird es sich möglicherweise erweisen, inwieweit die demokratischen Spielregeln des Grundgesetzes funktionieren.

Das parlamentarische Übergewicht der Regierung wird dadurch noch gesteigert, dass die Opposition uneins, innerlich zerstritten und mit sich selbst beschäftigt ist. Die einzige Oppositionspartei, die zu konsequentem politischen Arbeiten fähig zu sein scheint, ist die rechtsradikale Jobbik.

Demokratisch bedenklich scheint auch die Mentalität der Fidesz-Führung: Es geht nur um Macht. Demokratische Spiel- und Anstandsregeln werden verletzt. Ein Beispiel ist der erwähnte Kodifikationsprozess der Verfassung: Er war ein Projekt der Parteispitze hinter verschlossenen Türen, es gab keine Debatte mit den anderen Parteien, noch nicht einmal mit der eigenen Parteibasis, mit der Gesellschaft etc. Ein weiteres Beispiel ist die Abschaffung der paritätischen Besetzung von Verfassungsrichterposten[17], und auch dass der Parlamentspräsident entgegen der Tradition ein eigenes Stimmrecht erhält, nur damit Fidesz auf eine Zweidrittelmehrheit der Stimmen im Parlament kommt[18], zeigt, wie sehr Macht vor Respekt geht.

Kritisiert wird zu Recht auch die Schaffung von Machtbastionen für Fidesz. Die Reorganisation des Staates und seiner Institutionen wird genutzt, um überall Fidesz-Leute zu installieren, wie z.B. im Verfassungsgericht, im öffentlich-rechtlichen Rundfunk, in der Nationalbank, bei den Ombudsleuten etc. Deren Machtbastionen werden mit Gesetzen und Wahlquoren abgesichert, die zwei Drittel der Stimmen im Parlament erfordern und die daher eine Nachfolgeregierung

17 Dazu unten Punkt II. 5. b) aa).

18 Dazu oben Fn. 14.

nicht abändern kann, es sei denn, sie hat ihrerseits eine Zweidrittelmehrheit, was unwahrscheinlich ist. Zudem haben viele der so Ernannten und Gewählten Amtszeiten erhalten, die weit über die Legislaturperiode des jetzigen Parlaments hinausgehen. In einigen Fällen bleiben die Amtsträger sogar noch über ihre eigene Amtszeit hinaus im Amt, falls nach dem Ende des Mandats keine Neubesetzung – die ja erneut eine Zweidrittelmehrheit voraussetzt – gelingt. Das trifft z.B. auf den Generalstaatsanwalt[19] zu.

d) Direkte Demokratie

Die direkte Demokratie im Grundgesetz ist sehr viel restriktiver ausgestaltet als noch in der alten Verfassung. Das liegt v.a. daran, dass Art. 8 Abs. 4 GrundG eine doppelte Schwelle aus Gültigkeit und Erfolg eingerichtet hat, die kaum zu überspringen ist. Einzig von der Regierung oder von großen Parteien gesponserte Referenden haben überhaupt eine Chance, gültig zu Stande zu kommen und dann auch noch eine Mehrheit zu erhalten.

Mit der Rückkehr zu einer doppelten Schwelle aus Gültigkeit und Erfolg stellt sich Ungarn gegen einen europaweiten Trend zur Absenkung der Hürden bei Volksbegehren und -abstimmungen. In Deutschland beispielsweise haben ab den 1990er Jahren alle Bundesländer Abschied von der doppelten Schwelle genommen und ein einfaches Mehrheitserfordernis mit meist recht niedriger Schwelle eingeführt; lediglich Rheinland-Pfalz hält an der alten restriktiven doppelten Schwelle fest. Auch Ungarn hatte nach der Wende zunächst eine der heutigen Regelung ähnliche Vorschrift, aber ab 1997 setzte § 28/C Abs. 6 Verf. nur noch eine Mehrheit der Abstimmenden, die zugleich ein Viertel aller Stimmberechtigten ausmachte, voraus.

Dass die direkte Demokratie im Falle eines Wahlsieges zurückgefahren werden würde, machte Fidesz in den Jahren vor 2010 hinreichend deutlich. Als Fidesz vor 2010 in der Opposition war, nutzte sie die direktdemokratischen Entscheidungsmechanismen, um gezielt einzelne Maßnahmen der Regierung zu torpedieren. Zugleich stellte die Partei bereits damals klar, dass sie, wenn sie an die Macht kommen sollte, der zukünftigen Opposition gleiche Spielchen nicht erlauben werde[20]. Insofern stellt die Zurückdrängung der direkten Demokratie je nach

---

19 § 22 Abs. 2 Gesetz 2011:CLXIV über die Rechtsstellung des Generalstaatsanwalts, der Staatsanwälte und der anderen staatsanwaltschaftlichen Angestellten und über die Laufbahn des Staatsanwalts v. 2.12.2011.

20 *Küpper, Herbert*: Die Krise der direkten Demokratie in Ungarn, Osteuropa-Recht 2009, S. 2–23.

Ansicht ein gewisses demokratisches Manko dar, setzt aber nur eine Maßnahme um, die Fidesz im Wahlkampf angekündigt hatte und die somit dem mutmaßlichen Wählerwillen entspricht.

5. „Ende des Rechtsstaats"

Ein weiterer Vorwurf an das Grundgesetz lautet, es beende oder schwäche zumindest den Rechtsstaat. Im Text sowohl der alten Verfassung als auch des neuen Grundgesetzes ist der Rechtsstaat der zentrale Wert. Er ist auch in der politischen und Rechtskultur tief verankert, tiefer als etwa Demokratie und Marktwirtschaft. Auch in der Bevölkerung ist der Rechtsstaat der einzige der drei großen Werte der Wende (Demokratie, Markt, Rechtsstaat), der noch einen uneingeschränkt positiven Ruf genießt. Während sich mit Demokratie und Markt große Enttäuschungen aufgrund überzogener Erwartungshaltungen verbinden, wird der Rechtsstaat auch in der Bevölkerung weitest gehend als positiv bewertet. Dabei geht diese nicht davon aus, dass die Rechtsstaatlichkeit in Ungarn makellos verwirklicht ist; sie sieht durchaus die rechtsstaatlichen Defizite im Alltag, aber die bisweilen recht zynische Sichtweise diskreditiert nicht die Rechtsstaatsidee als solche, die in allen Kreisen hoch gehalten wird.

a) Rechtsstaat und Grundgesetz

Während sich die alte Verfassung im Wesentlichen darauf beschränkte, Ungarn als Rechtsstaat zu definieren[21], enthält das GrundG neben der Rechtsstaatsklausel in Art. B) Abs. 1 ausgebauter Garantien in Bezug auf Teilaspekte des Rechtsstaats. So legt Art. C) Abs. 1 GrundG ausdrücklich die Gewaltenteilung fest, und Grundrechtsbeschränkungen müssen gemäß Art. I. Abs. 3 Satz 2 GrundG den Verhältnismäßigkeitsgrundsatz beachten. Beide Vorschriften kodifizieren die diesbezügliche Rechtsprechung des Verfassungsgerichts zur Rechtsstaatsklausel der alten Verfassung, d.h. das GrundG positiviert viele bis dahin nur richterrechtlich vorhandenen Standards von Rechtsstaatlichkeit. Auch das Rechtsquellensystem des Grundgesetzes ist stringenter als das der alten Verfassung, was für die Rechtsstaatlichkeit im Alltag durchaus von Bedeutung ist[22].

---

21 § 2 Abs. 1 alte Verf. Die Rechtsstaatsklausel definierte das Verfassungsgericht als „Tatsachenfeststellung und Programm zugleich": Verfassungsgerichtsentscheidung 11/1992. (III. 5.) AB v. 5.3.1992.

22 Zur Rechtsstaatlichkeit im neuen Grundgesetz *Küpper, Herbert*: Mit Mängeln. Ungarns neues Grundgesetz, Osteuropa 12/2011: „Quo vadis, Hungaria? Kritik der ungarischen Vernunft", S. 135–144; *Sólyom, László*: Ende der Gewaltenteilung. Zur Änderung des

Das größte rechtsstaatliche Manko in der Praxis des Grundgesetzes ist das instrumentelle Verständnis der Regierung von Verfassung und Recht: Das Grundgesetz wird nach Tagesbedarf geändert, was wegen der Zweidrittelmehrheit ohne formale Hürden möglich ist. Die alte Verfassung wurde zwischen Regierungsantritt Juni 2010 und Inkrafttreten der neuen Verfassung 1.1.2012 insgesamt 11-mal geändert, die neue Verfassung seit Inkrafttreten immerhin schon fünfmal, die sechste Änderung ist in Vorbereitung. Das führt zu einer Entwertung der Verfassung und ihrer Instabilität, wie bereits erwähnt. Dass das Grundgesetz und seine Ausführungsgesetze als Instrument der Herrschaft verwendet werden und nicht Grenze und Rahmen von Herrschaft bilden, erinnert an den Umgang der Sozialisten mit Verfassung und Recht. Die Wurzel ist dieselbe: Sowohl die Sozialisten als auch die Fidesz-Regierung traten bzw. treten mit einem Sendungsbewusstsein auf und sahen/sehen sich als „Vollstrecker historisch notwendiger Prozesse". In einer solchen Weltsicht stört eine rechtsstaatliche Grundeinstellung nur, d.h. Verfassung und Recht sind nur Instrumente zur Durchsetzung der jeweiligen „historisch notwendigen" Politik.

Die von Fidesz initiierten Änderungen der alten Verfassung zwischen Juni 2010 und Dezember 2011 führen oft zu einer Aushöhlung der rechtsstaatlichen Substanz: Eine konfiskatorische Sondersteuer zu Lasten der Abfindungen für die Manager und Behördenleiter der Vorgängerregierung i.H.v. 98 % hebelte das Verbot rückwirkender Gesetze und den Schutz von Eigentum und erworbenen gesetzlichen Rechten aus[23], Frühverrentungen können rückgängig gemacht und die Betroffenen zurück auf den Arbeitsmarkt – und das bedeutete in der Praxis: in die Arbeitslosen- und Sozialhilfe – gedrängt werden[24]. Einfach-gesetzlich wollte Fidesz die grundlose Kündigung von Beamten einführen, was vom Verfassungsgericht allerdings als Verstoß

Grundgesetzes in Ungarn, Osteuropa 4/2013, S. 5–11; *Sólyom, László*: Verfassungskultur in Ungarn, Fakultätsspiegel der Rechtswissenschaftlichen Fakultät der Universität zu Köln WS 2013/2014, S. 20–36; *Tóth, Gábor Attila*: Macht statt Recht. Deformation des Verfassungssystems in Ungarn, Osteuropa 4/2013, S. 21–28. Den offiziellen Regierungsstandpunkt legt der damalige Justizminister dar: *Navracsics, Tibor*: Richtungsweisend. Die Änderungen des Grundgesetzes in Ungarn, Osteuropa 4/2013, S. 13–20.

23 § 70/I Verf. i.d.F. ab dem 20.11.2010. Die rückwirkende Konfiskationsbesteuerung wurde u.a. vom EGMR für konventionswidrig erklärt: N.K.M. ./. Ungarn, Urteil v. 14.5.2013, AZ.: 66529/11, näher dazu Aus der Rechtsprechung des EGMR – Ungarn, Osteuropa-Recht 2013, S. 364.

24 § 70/E Verf. i.d.F. ab dem 15.6.2011 i.V.m. Gesetz 2011:CLVII über die Beendigung von Altersrenten vor der Altersgrenze, über die Versorgung vor der Altersgrenze und über Dienstrenten v. 9.12.2011. Diese Klausel der alten Verfassung galt unter dem Grundgesetz vorübergehend fort, wurde aber in der Praxis zurückhaltend gehandhabt.

gegen den Rechtsstaat sowie gegen die subjektiven Rechte der Beamten aufgefasst und daher als verfassungswidrig aufgehoben wurde[25]. Auf die Verkürzung der Kompetenzen des Verfassungsgerichts im Hinblick auf Steuer- und Finanzgesetze wird unter Punkt b) näher eingegangen.

Mit Ausnahme der Beschränkung der verfassungsgerichtlichen Kompetenzen wurden diese verfassungsimmanenten Einschränkungen der Rechtsstaatlichkeit nicht aus der alten Verfassung in das neue Grundgesetz übernommen. Dafür hoben einige der Änderungen des Grundgesetzes Regelungen auf Verfassungsebene, die zuvor als einfaches Gesetz vom Verfassungsgericht für verfassungswidrig erklärt worden waren. Formal ist es zwar nicht zu beanstanden, dass sich der Verfassunggeber über Urteile des Verfassungsgerichts hinwegsetzt und Dinge, die ihm wichtig sind, in Verfassungsrang erhebt; bedenklich bei der Praxis von Fidesz ist, dass bewusst für rechtsstaatswidrig erkannte Regeln in die Verfassung aufgenommen werden. Als Beispiele seien nur die Sanktionierung von Obdachlosigkeit und die Ungleichbehandlung von Religionsgemeinschaften (d.h. die Privilegierung einiger traditioneller Großkirchen) genannt. Diese verfassungsunmittelbaren Ausnahmen vom Rechtsstaat schwächen die rechtsstaatliche Substanz des Grundgesetzes insgesamt. Dies sowie die erwähnte Schwächung der Verfassungsidee durch die instrumentelle Herangehensweise, die Verfassung nach Tagesbedarf zu ändern, lassen viele ungarische Juristen nach einer verfassungsgerichtlichen Kontrolle von Verfassungsänderungen und nach Einführung einer Ewigkeitsklausel nach deutschem Muster rufen[26].

b) Verfassungsgerichtsbarkeit

Zweifel an der Rechtsstaatlichkeit werden in den westlichen Medien nicht zuletzt daran festgemacht, dass das Verfassungsgericht an Macht und Kompetenz

25 Verfassungsgerichtsentscheidungen 8/2011. (II. 18.) AB v. 18.2.2011 und 29/2011. (IV. 7.) AB v. 7.4.2011. Auch der EGMR hat die ungarische Regelung beanstandet, z.B. in K.M.C. ./. Ungarn, AZ.: 19554/11, Urteil v. 10.7.2012, näher dazu Aus der Rechtsprechung des EGMR – Ungarn, Osteuropa-Recht 2012, S. 120–121.

26 Die Diskussion fassen zusammen *Küpper, Herbert*: Az alkotmánymódosítás és az alkotmánybírósági kontroll – megoldás az „örökkévalósági klauzula“?, Közjogi Szemle 2013/4, S. 1–17; *Sólyom, László*: Normenhierarchie in der Verfassung und verfassungswidrige Verfassungsänderungen?, Jahrbuch für Ostrecht 55 (2014), S. 11–24; *Szente, Zoltán*: Az „alkotmányellenes alkotmánymódosítás“ és az alkotmánymódosítások bírósági felülvizsgálatának dogmatikai problémái a magyar alkotmányjogban, Közjogi Szemle 2014/3, S. 1–19.

verloren haben, vielleicht sogar ganz entmachtet worden sein soll. Auch diese Kritik knüpft an einen wahren Kern an, den sie aber verzerrt und stark übertreibt.

Tatsächlich steht die Verfassungsgerichtsbarkeit vor zwei Problemen: der personell-ideologischen Gleichschaltung des Gerichts und der Beschneidung seiner Kompetenzen[27].

aa) Besetzung von Verfassungsrichterposten

In Ungarn werden die Verfassungsrichter durch Wahl seitens des Parlaments bestellt. Seit der Wende war es Vorschrift und Usus, dass im Verfahren der Besetzung von Verfassungsrichterposten Regierung und Opposition paritätisch gleiche Rechte haben; das zwang zu einem Zusammenwirken, wie es auch in Deutschland praktiziert wird. Bereits im Juli 2010 änderte die Fidesz-Mehrheit im Parlament diese Bestellregeln dahingehend, dass zur Bestellung eine Zweidrittelmehrheit im Parlament ausreicht; die bis dahin obligatorischen Beteiligungsrechte der Opposition wurden ersatzlos gestrichen[28]. Damit konnte Fidesz alleine die neuen Verfassungsrichter wählen und hat das seitdem auch praktiziert. Seit 2010 wurden nur noch der Fidesz nahe stehende Personen zu Verfassungsrichtern gewählt. Das Grundgesetz erhöhte die Verfassungsrichterzahl von 11 auf 15, was der Regierung ein regelrechtes „*court packing*" erlaubte. Man kann daher durchaus von einer personell-ideologischen Gleichschaltung des Verfassungsgerichts sprechen. Ganz eindeutig ist diese Tendenz aber nicht.

Die rotationsmäßig bis 2012 frei werdenden Richterposten wurden von dem Fidesz-Parlament noch mit anerkannten Verfassungsjuristen besetzt. Die vier durch die Erhöhung der Verfassungsrichterzahl neu geschaffenen Posten („Aufstockungsrichter") wurden mit braven Parteianhängern ohne verfassungsrechtliche Meriten besetzt, nachdem sich herausgestellt hatte, dass die zuvor turnusmäßig gewählten fachlich gut qualifizierten Richter unabhängig judizieren, d.h. sich nicht nach dem Willen der Regierung richteten. Unter diesen vier Aufstockungsrichtern findet sich auch der erste Präzedenzfall, dass ein Abgeordneter unmittelbar aus seinem Mandat heraus ohne sog. *cooling period* zum Verfassungsrichter gewählt wurde (*I. Balsai*). Wie ein Verfassungsrichter Gesetze, die er zuvor als Abgeordneter mit beschlossen oder politisch bekämpft hat, objektiv und nur dem Verfassungsrecht verpflichtet

---

27 Umfassend zu beiden: *Küpper, Herbert*: Voreilige Unkenrufe oder Demontage des Rechtsstaats? Das ungarische Verfassungsgericht nach den ersten vier Jahren Fidesz-Herrschaft, Jahrbuch für Ostrecht 56 (2015), S. 85–138.

28 § 32/A alte Verfassung i.d.F. ab dem 5.7.2010; näher hierzu *Küpper*, Ungarns Verfassung (Fn. 4), S. 21.

prüfen soll, ist nicht zu erkennen. Die vier „Aufstockungsrichter" werden den Erwartungen der Regierung besser gerecht und vertreten in ihren Sondervoten häufig die Sicht der Regierung. Neben diesen vier Parteisoldaten als Aufstockungsrichter wurde zudem noch mit *B. Pokol* ein ausgewiesener Fundamentalkritiker von Verfassungsgerichtsbarkeit ins Amt gewählt.

Auch nach diesem „court packing 2012" wählte Fidesz weitere Parteisoldaten zu Verfassungsrichtern, z.B. den Abgeordneten *L. Salamon* – der zweite Fall eines unmittelbaren Wechsels von der Abgeordnetenbank ins Verfassungsgericht – und den wegen seiner Nähe zu Jobbik angefeindeten *I. Juhász*. Spätestens mit ihnen haben die „Parteisoldaten" die Mehrheit über die „Verfassungsjuristen".

Es gibt aber auch gegenläufige Tendenzen: Die drei Neuernennungen im Sommer 2014 brachten wieder gestandene (Verfassungs- u.a.) Juristen in das Verfassungsrichteramt.

Eine Studie über das Stimmverhalten der von rechten oder der von linken Parteien nominierten Richter, welches über Sonder- und Parallelvoten erkenntlich ist, kommt zu dem Schluss, dass Fidesz-Richter meist zu über 80 % für die Verfassungsmäßigkeit von Fidesz-Gesetzen stimmen, noch übrige linke Richter oft nur zu 20 %. Es ist also eine Polarisierung im Verfassungsgericht nach politischen Linien festzustellen. Besonders regierungstreu sind die Aufstockungsrichter und die danach gewählten Parteisoldaten; eine Enttäuschung ist v.a. *B. Pokol*, der als Rechtswissenschaftler immer unabhängige Meinungen jenseits des akademischen Mainstream vertreten hat, sich als Verfassungsrichter aber noch schwerer als andere von seinem politischen Sponsor lösen kann und mit die höchsten Zustimmungsraten zu Fidesz-Gesetzen aufweist[29].

Ein gesondertes Problem stellt der Präsident des Verfassungsgerichts dar. Er wird gemäß Art. 24 Abs. 8 Satz 2 GrundG vom Parlament mit Zweidrittelmehrheit gewählt, während nach altem Recht die Verfassungsrichter selbst den Präsidenten aus ihrer Mitte wählten. Da der Verfassungsgerichtspräsident nach neuem Recht eine sehr starke Stellung hat, öffnet sich mit seiner Wahl durch das Parlament ein weiterer Kanal der Einflussnahme der Politik auf das Verfassungsgericht. Auch aus optischen Gründen ist der Nimbus des „Regierungsmanns" für das Ansehen des Verfassungsgerichts nicht optimal. Der erste nach neuem Recht gewählte Präsident, *P. Paczolay*, war zuvor nach altem Recht schon Verfassungsgerichtspräsident gewesen und hatte so bewiesen, dass er das Vertrauen seiner Kollegen genießt.

---

29 Näher hierzu *Szente, Zoltán*: Die politische Orientierung der Mitglieder des ungarischen Verfassungsgerichts zwischen 2010 und 2014, zur Veröffentlichung vorgesehen in Jahrbuch für Ostrecht 57 (2016), 1. Halbbd.

Diese Möglichkeit hat sein Nachfolger, *B. Lenkovics*, nicht mehr – er muss damit leben, dass er angesichts seines Bestellmodus nicht mehr als Mann des Verfassungsgerichts, sondern als Mann der Parlamentsmehrheit wahrgenommen wird.

bb) Verfassungsgerichtliche Kompetenzen

Der Erlass des Grundgesetzes und damit einhergehend eines neuen Verfassungsgerichtsgesetzes[30] war der Anlass, die Kompetenzen dieses „obersten Organs des Schutzes des Grundgesetzes" (so wortgleich Art. 24 Abs. 1 GrundG und § 2 VerfGG) neu zu ordnen. Erste Eingriffe in die verfassungsgerichtlichen Kompetenzen tätigte die Fidesz-Regierung allerdings bereits unter der alten Verfassung, noch vor Erlass des Grundgesetzes.

Nach altem Recht stand die Normenkontrolle völlig im Mittelpunkt der verfassungsgerichtlichen Kompetenzen. Bereits Ende 2010 wurde dem Verfassungsgericht die Normenkontrollbefugnis für Steuer- und Finanzgesetze entzogen, weil es zuvor in einer Steuersache ein der Regierung sehr missfallendes Urteil gefällt hatte[31]. Diese Beschränkung wurde im neuen Grundgesetz an etwas versteckter Stelle, in Art. 37 Abs. 4 GrundG, übernommen, obwohl die Regierung 2010 versprochen hatte, dass die Einschränkung nur vorübergehend sein werde. Danach ist, solange die Staatsverschuldung die Hälfte des Bruttoinlandsprodukts[32] überschreitet, die Normenkontrolle in Bezug auf Steuer- und Finanzgesetze auf die Verletzung einiger weniger Verfassungsrechte wie z.B. der Menschenwürde, der Gedanken-, Gewissens- und Religionsfreiheit oder der Staatsbürgerschaftsrechte beschränkt. In einigen Fällen behalf sich das Verfassungsgericht mit einer weiten Auslegung der Menschenwürde, um zu einer Kontrolle von Steuergesetzen zu kommen, aber in der Mehrzahl der Fälle weist es Normenkontrollanträge gegen Steuergesetze als unzulässig oder unbegründet ab. Zahlreiche ungarische Juristen, allen voran Verfassungsgerichtspräsident a.D. *L. Sólyom*, sehen in dieser Lücke

---

30 Gesetz 2011:CLI über das Verfassungsgericht v. 21.11.2011, in deutscher Übersetzung von *Daniel Pöschl* in Jahrbuch für Ostrecht 56 (2015), S. 263–292.

31 § 32/A Abs. 2 Verfassung i.d.F. ab dem 20.11.2011 als Sanktion für das Verfassungsgerichtsurteil 184/2010. (X. 28.) AB v. 28.10.2010; hierzu *Küpper*, Ungarns Verfassung (Fn. 4), S. 23–27.

32 Der im Text des GrundG verwendete ungarische Begriff „*teljes hazai össztermék*" ist genau genommen falsch; gemeint ist aber wohl das Bruttoinlandsprodukt: *Jakab* (Fn. 10), S. 279–280. Dieser sprachliche Missgriff ist ein Beispiel für die zahlreichen Flüchtigkeits- und Schlampigkeitsfehler im Text, die auf den überhasteten Erlassprozess zurückgehen.

in der Normenkontrolle das Ende von Verfassungsstaatlichkeit und Rechtsstaat angelegt[33].

Nicht nur der Entzug der Normenkontrolle über Steuer- und Finanzgesetze wurde im westlichen Schrifttum heftig kritisiert, sondern ebenso die Beendigung der Jedermann-Antragsbefugnis bei der nachträglichen Normenkontrolle (*actio popularis*). Dass die Aufhebung der *actio popularis* auf eine Schwächung des Verfassungsgerichts hinweist, wie in- und ausländische Kritiker der Maßnahme behaupten, ist allerdings alles andere als eindeutig. Zunächst ist darauf hinzuweisen, dass das Verfassungsgerichts selbst seit vielen Jahren ein Ende der Popularklage gefordert hatte, und zwar auch schon zu einem Zeitpunkt, als es noch eindeutig aus Verfassungsjuristen bestand und keine Parteisoldaten in seinen Reihen zählte. Des Weiteren hatte die *actio popularis* als typisches Produkt der Rund-Tisch-Verhandlungen 1989 in den Jahren nach der Wende ihren Sinn, denn sie half bei der Bereinigung des überkommenen sozialistischen Rechts von verfassungswidrig gewordenen Elementen. In den letzten Jahren ihrer Existenz war sie allerdings zu einem Sammelbecken für Querulanten verkommen und produzierte hohe Fallzahlen und damit eine hohe Arbeitsbelastung, ohne Wesentliches für den Rechtsstaat zu leisten. Man mag ihre Abschaffung aus fachlichen oder verfassungspolitischen Gründen bedauern oder auch nicht, aber eine Schwächung des Verfassungsgerichts ist hierin nicht zu sehen, zumal an ihre Stelle die echte Urteilsverfassungsbeschwerde getreten ist.

Nach altem Recht konnte der Bürger Verfassungsbeschwerde nur gegen Rechtsvorschriften erheben; in der Praxis spielten Rechtssatzverfassungsbeschwerden keine Rolle, weil der Einzelne mit viel niedrigerer Zulässigkeitsschwelle von der Popularklage Gebrauch machen konnte[34]. Das Grundgesetz hingegen führt die Rechtssatzverfassungsbeschwerde in Art. 24 Abs. 2 Buchst. c) GrundG fort und ergänzt sie in Art. 24 Abs. 2 Buchst. d) GrundG um die Verfassungsbeschwerde gegen Gerichtsurteile. Dies ist eine eindeutige Verbesserung des Grundrechtsschutzes für den Einzelnen. Bereits in den ersten Jahren der verfassungsgerichtlichen Praxis ist klar geworden, dass die Rechtssatz- und v.a. die Urteilsverfassungsbeschwerde

33 *Sólyom, László* in den in Fn. 22 aufgezählten Publikationen sowie in *Jakab* (Fn. 10), S. 12–14. Hierzu s. auch den Beitrag v. *T. Sulyok* in diesem Band, Punkt II. 3.

34 *Brunner, Georg / Sólyom, László*: Verfassungsgerichtsbarkeit in Ungarn. Analysen und Entscheidungssammlung 1990–1993, Baden-Baden 1995, S. 30–36; *Brunner, Georg*: Der Zugang des Einzelnen zur Verfassungsgerichtsbarkeit im europäischen Raum, Jahrbuch des Öffentlichen Rechts 50 (2002), S. 191–256 (218–224, 229–230); *Brunner, Georg*: Grundrechtsschutz durch Verfassungsgerichtsbarkeit in Osteuropa, in: *Burmeister, Joachim* (Hrsg.): FS Klaus Stern, München 1997, S. 1041–1058 (1052–1053).

an die Stelle der Popularklage als „tägliches Brot" des Verfassungsgerichts getreten sind[35]. Es gibt allerdings in Ungarn auch kritische Stimmen hierzu. Kritiker merken an, dass durch die Urteilsverfassungsbeschwerde die Aufmerksamkeit des Verfassungsgerichts auf die Justiz gelenkt werden solle. Die dadurch entstehenden Konflikte mit der Justiz – die im Ansatz bereits aufgetreten sind, wenngleich insbesondere durch die gemeinsamen Bemühungen der Präsidenten des Verfassungsgerichts und der Kurie[36] ein „Krieg der Gerichte" bislang hat vermieden werden können – sollen nach dieser Auffassung das Verfassungsgericht von dem Parlament und seiner Gesetzgebung ablenken, d.h. Justiz und Verfassungsgericht sollen sich miteinander beschäftigen und so ihre Kontrolle über die Legislative und die Exekutive vernachlässigen.

In manchen westlichen Medien wurden auch die Vorschriften über die verfassungsgerichtliche Kontrolle von Verfassungsänderungen, die die 4. Grundgesetz-Änderung v. 25.3.2013 in Art. 24 Abs. 5–6 GrundG einfügte, als bewusste und gewollte Schwächung des Verfassungsgerichts dargestellt. Die neuen Regeln in Art. 24 Abs. 5–6 GrundG beschränken die Verfassungsgerichtskontrolle von Grundgesetzänderungen auf formale Änderungen, während inhaltliche Fragen der verfassungsgerichtlichen Überprüfung entzogen sind. Die Mediendarstellung übersieht, dass Art. 24 Abs. 5–6 GrundG nichts anderes tut, als die Maßstäbe zu kodifizieren, die das Verfassungsgericht in ständiger Rechtsprechung seit 1990 entwickelt hat. Da weder die alte Verfassung noch das Grundgesetz eine Ewigkeitsklausel kennen, bieten sie keine Maßstäbe für eine Inhaltskontrolle von Verfassungsänderungen, weshalb sich das Verfassungsgericht immer auf eine Prüfung des Erlassverfahrens beschränkt hat. Allerdings hat die letzte einschlägige Verfassungsgerichtsentscheidung die Prüfung sehr weit ausgedehnt und angedeutet, dass unter gewissen Umständen eine Inhaltskontrolle von Verfassungsänderungen nicht ganz undenkbar sein könne[37]. Man kann nun Art. 24 Abs. 5–6 GrundG i.d.F. der 4. GrundG-Änderung vorwerfen, er schiebe diesem sich andeutenden Verfassungswandel einen Riegel vor und versteinere die vorhandene Rechtslage. Solange das Grundgesetz aber keine inhaltlichen Kriterien für eine inhaltliche Überprüfung von Verfassungsänderungen – etwa in Gestalt einer Ewigkeitsklausel oder einer Hierarchie zwischen einzelnen Verfassungsvorschriften – vorgibt,

---

35 *Küpper* (Fn. 27), S. 110–118.

36 Kurie (*Kúria*) ist seit 2012 wieder die Bezeichnung des obersten Gerichts.

37 Verfassungsgerichtsentscheidung 45/2012. (XII. 29.) AB v. 29.12.2012; dazu *Küpper, Herbert*: Verfassungsgerichtsentscheidung 45/2012. (XII. 29.) AB über die partielle Verfassungswidrigkeit des Grundgesetz-Einführungsgesetzes. Übersetzung mit einem Kommentar, Jahrbuch für Ostrecht 54 (2013), S. 237–281.

läge es letztlich in der Willkür des Verfassungsgerichts, Maßstäbe für eine Inhaltskontrolle von Verfassungsänderungen zu entwickeln, denn solche Maßstäbe könnten sich nicht auf den aktuellen Text des Grundgesetzes stützen. Ein Verfassungswandel hin zu einer richterrechtlich begründeten Inhaltskontrolle von Verfassungsänderungen würde daher das Gleichgewicht zwischen Verfassunggeber (Parlament) und Verfassungsinterpret (Verfassungsgericht) verschieben und wäre aus diesem Grund alles andere als wünschenswert. Zwar fordern, wie erwähnt[38], zahlreiche ungarische Juristen wegen der großen Zahl tagespolitisch veranlasster, inhaltlich oft wenig rechtsstaatlicher Grundgesetzänderungen eine verfassungsgerichtliche Inhaltskontrolle von Verfassungsänderungen und wären, solange es keine Ewigkeitsklausel gibt, auch mit einer verfassungsgerichtlich entwickelten Prüfung, ob Verfassungsänderungen den Rechtsstaat einschränken, zufrieden. Verfassungspolitisch ist aber eine Inhaltskontrolle ohne von der Verfassung selbst vorgegebene Inhaltsmaßstäbe (Ewigkeitsklausel) aus den genannten Gründen überaus bedenklich.

Ein letztes Moment, das in westlichen Medien als Reduzierung der verfassungsgerichtlichen Kompetenzen und Schwächung des Verfassungsgerichts dargestellt wurde, betrifft den Umgang mit der alten Verfassungsrechtsprechung, d.h. mit der Judikatur des Verfassungsgerichts zur alten Verfassung (1990–2011). Die bereits erwähnte, im In- und Ausland heftig kritisierte 4. Grundgesetz-Änderung fasste Punkt 5 der Schlussbestimmungen des Grundgesetzes neu; danach „verlieren die vor dem Inkrafttreten des Grundgesetzes erlassenen verfassungsgerichtlichen Entscheidungen ihre Geltung“[39]. Damit will die Regierung den Rückgriff auf die alte Rechtsprechung verhindern; sie befürchtet, dass diese liberale Rechtsprechung ihr nationales Grundgesetz verwässert. Allerdings ist die „Aufhebung“ der alten Urteile ein ungeeignetes Mittel, diesen Zweck zu erreichen, weil diese nicht wegen ihrer formalen Geltung zitiert werden, sondern wegen ihrer intellektuellen Überzeugungskraft, und die bleibt bestehen[40]. Wenn das Verfassungsgericht will, kann es auch unter der Geltung von Punkt 5. Schlussbestimmungen GrundG weiter aus seiner alten Rechtsprechung schöpfen, zur Not ohne Zitierung. Außerdem hat das Verfassungsgericht seit Inkrafttreten des Grundgesetzes stets geprüft, ob die Norm, zu der die alte Rechtsprechung entwickelt wurde, der Norm im Grundgesetz ähnlich genug ist. Nur bei hinreichender Ähnlichkeit greift das Verfassungsgericht auf die alte Rechtsprechung zurück, was als

---

38 Dazu Fn. 26.

39 Im Original: „*hatályukat vesztik*“. Statt „verlieren ihre Geltung“ kann diese Formulierung auch mit „treten außer Kraft“ übersetzt werden.

40 Hierzu der Beitrag von *T. Sulyok* in diesem Band, Punkt III.

verantwortungsvoller Umgang mit der eigenen alten Rechtsprechung bezeichnet werden kann. Trotzdem will die Regierung nicht, dass die alte liberale Rechtsprechung das Verfassungsgericht noch beeinflusst, weshalb sie das Parlament die genannte 4. Grundgesetz-Änderung beschließen ließ. In einigen westlichen Medien wurde dies als weitere Schwächung des Verfassungsgerichts ausgelegt. Deutlich weniger kritisch ist die Venedig-Kommission, die es grundsätzlich als legitim bezeichnet, den Rückgriff auf altes Recht abzuschneiden, wenn ein neues Gesetz erlassen wird[41]. Auch die verfassungsgerichtliche Praxis entspricht nicht dem „Kastrationsszenario", das in manchen Medien entworfen wurde. Das Verfassungsgericht greift weiter auf seine alte Rechtsprechung zurück, wenn es der Ansicht ist, dass das normative Umfeld zwischen alter und neuer Verfassung sich nicht geändert hat. Punkt 5 der GrundG-Schlussbestimmungen wird dahin gehend interpretiert, dass er dem Verfassungsgericht eine besondere Begründungslast auferlegt, wenn es auf alte Rechtsprechung zurückgreift, diesen Rückgriff aber nicht grundsätzlich ausschließt[42]. Hiergegen protestieren die „Parteisoldaten" im Verfassungsgericht immer wieder einmal in Sondervoten, jedoch bislang ohne sich damit durchzusetzen.

c) *Justiz*

Die Diagnose mancher westlicher Medien hinsichtlich der Justiz in Ungarn lautet ähnlich wie bei der Verfassungsgerichtsbarkeit: Die Regierung wolle die Unabhängigkeit der Justiz beschränken und Einfluss auf die Inhalte der Rechtsprechung nehmen und habe dazu auch schon konkrete Schritte unternommen. Bei einer nüchternen Betrachtung scheinen rechtsstaatliche Standards der Justiz insbesondere in zwei Feldern gefährdet: in der Personalauswahl, in Bezug auf die bei der Justiz die Frühverrentung von Richtern, Staatsanwälten und Notaren gravierende Probleme aufwarf, sowie in einer gewissen institutionellen Abhängigkeit der Gerichte, die sich u.a. in der Befugnis des Landesgerichtsamtes niederschlug, konkrete anhängige oder zukünftige Prozesse an ein anderes als das zuständige Gericht zu geben[43].

---

41 Venedig Kommission, Opinion on the Fourth Amendment to the Fundamental Law of Hungary, Opinion no. 720/2013, 17.6.2013, CDL-AD(2013)012, Rn. 88–99.

42 Ständige Rechtsprechung seit der Grundsatzentscheidung 13/2013. (VI. 17.) AB v. 17.6.2013.

43 Ausführlich hierzu *Küpper, Herbert*: Verwaltungsgerichtsbarkeit in Ungarn, in: *Bogdandy, Armin v. / Huber, Peter / Paužaitė-Kulvinskienė, Jurgita* (Hrsg.): Ius Publicum Europaeum (IPE) Bd. VIII. Staatliche Verwaltungsgerichtsbarkeit, zur Veröffentlichung vorgesehen 2016.

aa) Frühverrentung von Richtern, Staatsanwälten und Notaren

Die plötzliche Absenkung des Renteneintrittsalters von Richtern, Staatsanwälten und Notaren (fortan gemeinsam: Richter) von 70 auf 62 Jahre löste im In- und Ausland starke Kritik aus. Hintergrund war, dass die Fidesz-Regierung nach eigenem Bekunden viele alte Juristinnen und Juristen, die sie – meist zu Unrecht – wegen ihrer Sozialisation im alten System „roter Sympathien" verdächtigte, loswerden und auf diese Weise fast 300 Stellen im Justizdienst zur Versorgung der jüngeren Generation, unter der der Anteil von Fidesz-Anhängern besonders hoch ist, freimachen wollte[44]. Formal handelte es sich bei der Absenkung des Renteneintrittsalters von Richtern um die Anpassung einer Sonderregelung an das allgemeine Renteneintrittsalter, das seinerzeit noch bei 62 Jahren lag – allerdings war dessen Anhebung von 62 auf 65 Jahre zu jenem Zeitpunkt bereits beschlossene Sache. Bei der Frühverrentung zahlreicher alter und der massenhaften Neueinstellung junger Richter gingen die Absicht personell-ideologischer Gleichschaltung und eine klientelistische Versorgungspolitik Hand in Hand.

Die überaus plötzliche Absenkung des Rentenalters für Richter wurde allerdings vom Verfassungsgericht für verfassungswidrig erklärt, weil sie mit beträchtlichen Einbußen bei Rente einherging und so die Unabhängigkeit der Richter verletze[45]. Da das Verfassungsgerichtsurteil zwar die Verfassungswidrigkeit im Grundsatz klärte, aber keine Vorkehrungen in Bezug auf die bereits erfolgten Verrentungen traf, wurde auch der EuGH mit der Sache beschäftigt. Dieser erklärte die Maßnahmen ebenfalls für rechtswidrig, bezog sich allerdings – anders als das ungarische Verfassungsgericht – nicht auf die richterliche Unabhängigkeit, die er mit keinem Wort erwähnte, sondern ausschließlich auf eine Diskriminierung wegen Alters (RL 2000/78/EG)[46]. Anerkennenswert ist der schonende Umgang des EuGH mit dem beklagten Ungarn: Hätte der EuGH eine Verletzung der richterlichen Unabhängigkeit durch die ungarische Regierung bejaht, wäre das nicht

---

44 Um die zahlreichen frei werdenden Stellen zügig und ohne die üblichen Qualitätsprüfungsprozeduren besetzen zu können, wurde ein gesondertes Gesetz erlassen: Gesetz 2011:CXXXI über vorübergehende Regeln der Besetzung einzelner richterlicher Stellen, um die Beendigung gerichtlicher Verfahren in einer vernünftigen Zeit sicherzustellen, v. 14.10.2011, hierzu IOR-Chronik, Wirtschaft und Recht in Osteuropa 2012 S. 62; Schwerpunkte der Rechtsentwicklung 2011 – Ungarn, Jahrbuch für Ostrecht 53 (2012), S. 121.

45 Verfassungsgerichtsentscheidung 33/2012. (VII. 17.) AB v. 17.7.2012; hierzu *Kocsis, Miklós*: Alkotmánybírósági döntés a bírák kötelező felmentésének alkotmányellenességéről, Közjogi Szemle 2012/3, S. 50, sowie der Beitrag von *P. Darák* in diesem Band, Punkt II.

46 Urteil v. 6.11.2012 in der RS C-286/12, Europäische Kommission ./. Ungarn.

nur ein enormer Gesichtsverlust gewesen, sondern hätte auch Konsequenzen im Hinblick auf die EU-Mitgliedschaft haben können, denn eine unabhängige Justiz ist eine der unverhandelbaren Mindestbedingungen für eine Mitgliedschaft (Art. 7 i.V.m. Art. 2 EUV). Stattdessen hat sich der EuGH auf eine eher technische Materie zurückgezogen, um sein Ziel zu erreichen, und somit Ungarn das Verdikt einer rechtsstaatswidrigen Politik erspart.

2013 wurde die Angelegenheit gesetzlich geklärt und das Renteneinstiegsalter der Richter nach Geburtsjahrgängen gestuft langsam absenkt, und zwar nicht mehr auf 62, sondern nur noch auf 65 Jahre, d.h. auf das angestrebte allgemeine Renteneintrittsalter[47]. Allerdings wurden nur wenige der entlassenen Richter wieder eingestellt, wohl nicht zuletzt deshalb, weil bei ihnen durch Zeitablauf das Rentenalter ohnehin eingetreten ist. Ein Hauptproblem der Frühverrentung war auch die niedrige Rente: Die Frühverrentung hätte wegen Besonderheiten der Altersversorgung für Richter, Staatsanwälte und Notare Renteneinbußen von bis zu 50 % gebracht. Auch diese Beeinträchtigung der Richter scheint durch rentenrechtliche Maßnahmen gelöst worden zu sein.

bb) Justizverwaltung und Umlegung von Prozessen an unzuständige Gerichte

Die Unabhängigkeit der Richter und der Gerichte wird im Grundgesetz zwar erwähnt, aber ihre Garantien sind textlich nur schwach ausgeprägt. Das war unter der alten Verfassung auch schon so. Die 1997 geschaffene Selbstverwaltung der Justiz, der Landesjustizrat[48], wird durch das Grundgesetz nicht fortgeführt. An seine Stelle tritt das Landesgerichtsamt. Der Landesjustizrat wurde von einigen richterlichen Seilschaften dominiert und war stark dysfunktional, auch aus Sicht vieler Richter. Seine Abschaffung ist daher nicht nur negativ zu sehen, sie wird sogar von nicht wenigen Richtern begrüßt.

Das Landesgerichtsamt ist allerdings ebenfalls nicht problemfrei. Sein Präsident hat u.a. Einfluss auf:

- die Vergabe von Haushaltsmitteln an die einzelnen Gerichte und kann somit Gerichte finanziell belohnen und bestrafen;

---

47 Gesetz 2013:XX über Gesetzesänderungen in Verbindung mit der Altersobergrenze, die in einigen Justizrechtsverhältnissen anzuwenden ist, v. 25.3.2013; in Bezug auf die Notare sah Verfassungsgerichtsurteil 3244/2014. (X. 3.) AB v. 3.10.2014 keine Bedenken. Hierzu IOR-Chronik, Wirtschaft und Recht in Osteuropa 2013 S. 220; Schwerpunkte der Rechtsentwicklung 2013 – Ungarn, Jahrbuch für Ostrecht 55 (2014), S. 129.

48 Hierzu rechtsvergleichend *Küpper, Herbert*: Die Forderung der deutschen Justiz nach Selbstverwaltung – Modell Osteuropa?, Jahrbuch für Ostrecht 44 (2003), S. 11–44.

- richterliche Personalentscheidungen;
- die Geschäftsverteilung.

Damit hat das Landesgerichtsamt eine starke Stellung und kann die Rechtsprechungsinhalte durch informelle Mittel beeinflussen. Problematisch hierbei ist, dass der Präsident des Landesgerichtsamtes vom Ministerpräsidenten politisch abhängig ist. Seine erste Präsidentin, *Tünde Handó*, war vor ihrer Ernennung ins Landesgerichtsamt Präsidentin des Hauptstädtischen Arbeitsgerichts, hat aber keine Erfahrung in der großen Justizverwaltung. Politisch bedenklich ist, dass sie die Ehefrau von *József Szájer*, dem Autor des neuen Grundgesetzes, und eine gute Freundin des Ministerpräsidenten und dessen Frau ist. Sie gehört folglich zum inneren Machtzirkel von Fidesz, was für die Unabhängigkeit der Justiz eine Bedrohung darstellen kann.

Diese Bedrohung zeigte sich u.a. in der durch das Grundgesetz eingeführte Befugnis der Präsidentin des Landesgerichtsamtes, konkrete Prozesse von dem zuständigen an ein anderes Gericht zu verweisen[49]. Dem Wortlaut nach sollte diese Befugnis dazu genutzt werden, überlastete Gerichte zu entlasten und so insgesamt zu einer Beschleunigung der Urteilsfindung zu führen. In der Praxis kann man zwei Fallgruppen identifizieren, in denen die Präsidentin des Landesgerichtsamtes Prozesse an ein anderes Gericht gab.

Die erste Fallgruppe betrifft Groß- und Massenverfahren, die von den ohnehin überlasteten Budapester Gerichten in die Provinz übertragen wurden. Das mag rechtsstaatlich keine großen Bedenken auslösen, ging aber für die Prozessparteien mit großen Unannehmlichkeiten und Schwierigkeiten einher, weil diese für sämtliche Prozesstermine aus Budapest in die Provinz pendeln mussten.

Die zweite Fallgruppe ist deutlich heikler: Immer wieder wurden politisch sensible Verfahren oder Prozesse, die Mitglieder der Regierung persönlich betrafen, an als politisch besonders willfährig geltende Gerichte gegeben. Besondere Erwähnung verdient in diesem Zusammenhang das „Hofgericht" von Fidesz, das Komitatsgericht in Kecskemét, wo sich die politische Führung auf ein genehmes Urteil verlassen konnte.

Nicht zuletzt auf Druck der EU wurde der Missstand, dass eine Behörde laufende Verfahren an andere Gerichte geben kann, durch die 5. Grundgesetz-Änderung wieder abgeschafft. Der Justizminister verlautbarte im Mai 2015, dass seiner Ansicht nach der richtige Weg, bei ungleichem Fallaufkommen zu einer

49 Zuerst Art. 11 Abs. 3 Grundgesetz-Einführungsgesetz v. 31.12.2011, nachdem dieses teilweise für verfassungswidrig erklärt worden ist, übernommen in Art. 27 Abs. 4 GrundG.

sinnvollen Verteilung der Arbeit zu kommen, nicht in der Verlegung von Prozessen an unzuständige Gerichte, sondern in der Versetzung von Richtern dorthin, wo die Arbeit anfällt, liege.

6. „Ende der Grundrechte und des Grundrechtsschutzes"

Immer wieder war über das neue Grundgesetz zu lesen und zu hören, unter ihm hörten die Grundrechte auf zu bestehen oder seien jedenfalls in ihrer Durchsetzung stark eingeschränkt. Die simple Lektüre des Grundgesetzes weist hingegen in eine andere Richtung: Es hat einen ausgebauten Katalog an Grundrechten, und der Grundrechtsschutz verfügt über eine wirksamere institutionelle Einbettung als unter der alten Verfassung. Dennoch sind beide Aspekte nicht problemfrei, wie ein Blick in die Praxis zeigt.

a) Grundrechte

Der Katalog der Grundrechte im Grundgesetz ist lang und entspricht in weiten Teilen dem internationalen Stand der Entwicklung. An einigen Stellen bleibt der Katalog allerdings hinter diesem Entwicklungsstand zurück; so wurde z.B. versäumt, im Gleichheitssatz in Art. XV. Abs. 2 GrundG die Liste der Merkmale, an die keine Unterscheidung anknüpfen darf, um die mittlerweile international gängigen Kriterien „Alter" und „sexuelle Identität" zu erweitern[50].

Positiv zu vermerken ist, dass die zahlreichen sozialen Rechte der alten Verfassung fast alle in staatliche Bemühensklauseln umformuliert wurden. Damit ist der Text des Grundgesetzes ehrlicher als der der alten Verfassung, der als Erbe des Sozialismus noch jedem z.B. ein Recht auf Arbeit versprach, was dann durch das Verfassungsgericht in eine objektive Bemühensvorschrift uminterpretiert werden musste[51].

Im Mittelpunkt westlicher Kritik stand die Beschränkung der Medienfreiheit, nicht zuletzt deshalb, weil Restriktionen gegen Medien in denselben ein besonders starkes Echo auslösen. Auch die Entwicklungen im Schutz von Ehe und Familie wurden kritisiert. Auf beide Grundrechtsbereiche wird jetzt näher eingegangen[52].

---

50 Das Gleichbehandlungsgesetz hingegen schützt auch vor Diskriminierung wegen Alters oder sexueller Identität: Gesetz 2003:CXXV über die Gleichbehandlung und die Förderung der Chancengleichheit v. 28.12.2003.

51 *Küpper, Herbert*: Die „unvollendete Revolution": Sozialistische Überreste in der ungarischen Verfassung, Südosteuropa 2/2008, S. 183–199.

52 Zur angeblichen Einführung eines Abtreibungsverbots durch das Grundgesetz s. den Beitrag von *B. Schanda* in diesem Band, Punkt VII.

aa) Medienfreiheit

Bereits im Juli 2010 änderte die Fidesz-Regierung die Vorschriften zur Medienfreiheit in § 61 alte Verf. dahin gehend, dass der öffentlich-rechtliche Rundfunk an die Werte im Fidesz-Parteiprogramm gebunden wurde. Auch wurden die Befugnisse zur Medienaufsicht und zur Frequenzvergabe (d.h. zur Regulierung des Marktzugangs für Rundfunkanbieter) in einer Behörde vereint. Im Grundgesetz findet sich in Art. IX. GrundG nur eine relativ kurz Garantie der Medienfreiheit; die inhaltlichen Vorgaben an den öffentlich-rechtlichen Rundfunk aus § 61 Verf. i.d.F. v. 7.7.2010 wurden nicht in das Grundgesetz übernommen.

Problematisch ist weniger die Verfassungsnorm, sondern v.a. die ausführende Gesetzgebung[53] und die Praxis. Hier ist aus Sicht der Medienfreiheit zu bemängeln, dass alle Medien (nicht nur die öffentlich-rechtlichen) einer inhaltlichen Pflicht zur „Ausgewogenheit" unterstellt werden. Verstärkt wird diese Gängelung der Medien dadurch, dass die Pflicht zur Ausgewogenheit jede einzelne Programmeinheit betrifft: Sie ist in jedem Zeitungsartikel, jeder Sendenummer oder -serie zu beachten. In Deutschland hingegen, wo sie ohnehin nur für die öffentlich-rechtlichen Medien gilt, wird die Ausgewogenheit auf das Gesamtprogramm bezogen, sodass Raum für einzelne kritische – auch regierungskritische – Einheiten verbleibt. Das will die ungarische Regelung verhindern. Was „ausgewogen" ist, bestimmt die neu geschaffene Medienaufsichtsbehörde. Gegen ihre Entscheidungen ist praktisch kein Rechtsschutz gegeben, weil „Ausgewogenheit" ein zu unbestimmter Rechtsbegriff ist, mit dem Richter nichts anfangen können. Bei Verletzung der Ausgewogenheit entstehen Gegendarstellungs- und Ergänzungsrechte der Vertreter der übergangenen Meinung, bei Verletzung der zahlreichen übrigen Anforderungen des Mediengesetzes drohen dem Medium sowie den handelnden natürlichen Personen sehr hohe Bußgelder. Die Medienbehörde scheint diese Befugnisse willkürlich zu handhaben und v.a. gegen regierungskritische Meinungen – insbesondere gegen solche von ganz rechts, weniger gegen liberale oder linke Meinungen – einzusetzen, was zu einer gewissen Selbstzensur der Medien führt.

Verschlimmert wird die Lage dadurch, dass die Zusammenlegung von Fernmeldebehörde und Medienaufsichtsbehörde auch unter dem Grundgesetz

53 Gesetze 2010:CIV über die Pressefreiheit und über die grundlegenden Regeln der Medieninhalte v. 9.11.2010 und 2010:CLXXXV über die Mediendienstleistungen und über die Massenkommunikation v. 31.12.2010; hierzu IOR-Chronik, Wirtschaft und Recht in Osteuropa 2011 S. 123, 151–152; Schwerpunkte der Rechtsentwicklung 2010 – Ungarn, Jahrbuch für Ostrecht 52 (2011), S. 111–113.

aufrechterhalten wird. Diese einheitliche Behörde kontrolliert nicht nur Medieninhalte, sondern entscheidet zugleich auch über die Vergabe bzw. Verlängerung von Lizenzen für Radio und Fernsehen. Sie untersteht dem Ministerpräsidenten und ist daher keine reine Verwaltungsbehörde, sondern ein politisch gesteuertes Organ, was sie politisch missbrauchsanfällig macht. Es hat schon Missbräuche gegeben, z.B. im Fall des regierungskritischen Radiosenders Klubrádió: Als die turnusmäßige Erneuerung der Lizenz anstand, wurde die Lizenz an einen „zahmeren" Sender, Autórádió, vergeben, und erst nach einer öffentlichen Skandalisierung dieses Vorgangs und einer gerichtlichen Klage bekam Klubrádió wieder eine Frequenz zugeteilt, allerdings nur für Budapest, nicht mehr für das ganze Land[54].

Die EU intervenierte ganz sanft gegen diese Gesetze und erreichte einige marginale Verbesserung zugunsten v.a. ausländischer Medienanbieter. Schärfer ins Gericht ging das Verfassungsgericht und erklärte (noch unter der alten Verfassung) mehrere zentrale Bestimmungen der Mediengesetze für verfassungswidrig[55]. Die Hauptkritikpunkte waren:

- staatliche Eingriffsrechte bei Persönlichkeitsrechtsverletzungen durch Druck- und E-Medien schränken die Meinungsfreiheit unangemessen ein;
- fast vollständige Abschaffung des Quellenschutzes;
- der nicht ausreichende Datenschutz für Daten in Verarbeitung der zentralen Medienbehörde;
- Mängel beim Rechtsschutz.

In der Praxis untersteht der öffentlich-rechtliche Rundfunk – nicht zuletzt durch einen fast vollständigen Austausch des redaktionellen und auch des anderen Personals – vollkommen der Regierung und sendet nur noch im Interesse von Fidesz.

Der private Rundfunk wird in einem gewissen Maße gegängelt, nicht zuletzt durch Zusammenlegung von Inhaltskontrolle und Frequenzzugang, und reagiert teils mit politischer Enthaltsamkeit oder Regierungsfreundlichkeit. Teils gibt es allerdings im privaten Rundfunk, z.B. im Privatfernsehen, auch sehr kritische politisch-gesellschaftlich relevante Berichterstattung.

Die Presse ist wegen der pluralen Eigentümerstruktur, darunter mehrere westliche Konzerne v.a. aus Österreich und Deutschland, noch vielfältig. Auch sie steht allerdings unter wirtschaftlichem Druck seitens der Regierung. So sind

---

54 *Lentsch, Benedikt*: Ungarns Demokratie im Umschwung? Eine demokratietheoretische Analyse der neuen ungarischen Verfassungsordnung, Jahrbuch für Ostrecht 54 (2013), S. 333–353.

55 Verfassungsgerichtsentscheidung 165/2011. (XII. 20.) AB v. 20.12.2011; hierzu Aus Justiz und Rechtsprechung in Osteuropa – Ungarn, Osteuropa-Recht 2012, S. 97.

Unternehmen mit staatlicher Beteiligung, aber auch Unternehmen, die staatliche Zuschüsse oder Aufträge erhalten wollen (und das sind in Ungarn sehr viele), gehalten, nur in regierungsfreundlichen Medien zu werben. So versucht die Regierung über die Werbeeinnahmen, kritische Medien zurückzudrängen und finanziell unter Druck zu setzen.

Auch sonst versucht die Regierung mit den ihr zu Gebote stehenden Mittel, regierungsfreundliche Medien zu bevorzugen und regierungskritische Medien finanziell zu benachteiligen. Erwähnenswert ist in diesem Zusammenhang die „causa origo.hu", weil hier ein deutsches halbstaatliches Unternehmen an der Zurückdrängung der Meinungsfreiheit aktiv beteiligt war. „origo.hu" ist eine Webseite mit einem Nachrichtenportal, das unabhängig berichtete; es war kritisch sowohl gegenüber der Regierung als auch gegenüber der Opposition – eine der wenigen regierungsunabhängigen kritischen politischen Nachrichtenformate, die in Ungarn noch übrig waren. Der Eigentümer des Nachrichtenportals ist die ungarische Tochter der Deutschen Telekom. Als im Frühjahr 2014 die turnusmäßige Neuvergabe der Telekommunikationsfrequenzen anstand, entließ die ungarische Tochter der Deutschen Telekom wenige Tage vor der Vergabeentscheidung der Medienbehörde den Chefredakteur des Politikteils von origo.hu, woraufhin noch am selben Tag die gesamte politische Redaktion von origo.hu zurücktrat. In der Folge gab es auf dieser Webseite keine politische und schon gar keine kritische Berichterstattung mehr. Als Dank für ihre Willfährigkeit erhielt die Deutsche Telekom bei der Frequenzvergabe ein sehr attraktives Paket an Frequenzen[56]. Nach Angaben des Auswärtigen Amtes berichtete der deutsche Botschafter in Budapest der Bundesregierung über das Verhalten der Deutschen Telekom und ihrer ungarischen Tochter, ohne dass dies zu erkennbaren Konsequenzen geführt hat.

Mitte 2014 wurde eine recht hohe Reklamesteuer eingeführt[57]. Noch vor Inkrafttreten wurde das Gesetz auf Druck einiger Privatfernsehsender, v.a. RTL, etwas zurückgefahren, v.a. wurden Änderungen der Berechnungsgrundlage vorgenommen[58]. Die Stoßrichtung des Gesetzes blieb jedoch unverändert: Es unterwirft Werbung einer recht hohen Steuer, was die finanzielle Basis der freien Medien (Presse und Rundfunk) schwächen soll.

---

56 Etwas anders interpretiert diese Vorgänge DGAP (Fn. 2), S. 14–15.

57 Gesetz 2014:XXII über die Reklamesteuer v. 17.6.2014, hierzu IOR-Chronik, Wirtschaft und Recht in Osteuropa 2014 S. 315.

58 Gesetz 2014:XXXIV über das Inkrafttreten des Gesetzes XXII über die Reklamesteuer mit verändertem Text und über die Änderung einiger Steuergesetze im Zusammenhang damit v. 15.7.2014, hierzu IOR-Chronik, Wirtschaft und Recht in Osteuropa 2014 S. 344.

In dieselbe Richtung zielten im Herbst 2014 Regierungspläne zur Einführung einer Internetsteuer. Diese sollte internetbasierte Medienangebote sowie die Kommunikation im Internet teurer machen und somit dieses für die Regierung nicht kontrollierbare Medium finanziell aushöhlen. Die Pläne wurden angesichts des Massenprotests in der Bevölkerung auf Eis gelegt; ob sie hinter den Kulissen noch weiter verfolgt werden, ist nicht bekannt.

Die ungarische Regierung verteidigt sich gegen Kritik an ihrer Mediengesetzgebung standardmäßig mit dem Argument, jede einzelne Vorschrift gebe es in dem einen oder anderen westlichen Mediengesetz auch. Eine politisch neutrale Analyse der ungarischen Mediengesetzgebung unter dem Gesichtspunkt der Medienfreiheit und des rechtswissenschaftlich-technischen Niveaus fertigte die OSZE (die deshalb besonders geeignet ist, weil sie anders als z.B. die EU keine umfangreichen politischen Rücksichten zu nehmen braucht). Ihr Urteil fällt ziemlich vernichtend aus. Insbesondere wird das Argument der ungarischen Regierung widerlegt, die Beschränkungen in den ungarischen Gesetzen fänden sich auch in anderen nationalen Rechtsordnungen. Die OSZE hat diese Einwände rechtsvergleichend untersucht und nachgewiesen, dass sie sachlich nicht zutreffen und es sich um eine durch Fakten nicht gestützte Schutzbehauptung der ungarischen Regierung handelt[59].

Auch in der neusten Entwicklung sahen westliche Medien Anlass zur Sorge. An der 4. GrundG-Änderung v. 25.3.2013 wurden im In- und Ausland mehrere Kritikpunkte bemängelt, v.a. die Vorschriften zur Wahlwerbung und die neuen Schranken der Meinungsfreiheit.

Die 4. GrundG-Änderung konzentrierte die politische Wahlwerbung beim öffentlich-rechtlichen Rundfunk, d.h. in privaten Medien durfte keine Wahlwerbung mehr veröffentlicht werden. Da der öffentlich-rechtliche Rundfunk, wie dargestellt, von der Regierung unmittelbar kontrolliert wird, erhielt diese durch diese Grundgesetzänderung die Kontrolle über die Wahlwerbung und damit über die Wahlchancen der Parteien. Da sich die Vorschriften auch auf die Europawahlen bezogen, wandte sich die EU gegen die Neuerung und bereitete ein Vertragsverletzungsverfahren vor. Nach ihrer Auffassung stellte die mittelbare Regierungskontrolle

---

59 *Jakubowicz, Karol*: Analyses and Assessment of a Package of Hungarian Legislation and Draft Legislation on Media and Telecommunication, commissioned by the Office of the OSCE Representative on Freedom of the Media, September 2010, im Volltext einsehbar unter http://www.osce.org/fom/71218?download=true; *Nyman-Metcalf, Katrin*: Analysis of the Hungarian Media Legislation, commissioned by the Office of the OSCE Representative on Freedom of the Media, 28.2.2011, im Volltext einzusehen unter http://www.osce.org/fom/75990?download=true.

über die Wahlwerbung einen Verstoß gegen europäisches Recht, nämlich gegen die Chancengleichheit der Wahl und die Neutralitätspflicht des Staates, dar. Daraufhin machte die 5. GrundG-Änderung v. 26.9.2013 die 4. GrundG-Änderung in diesem Punkt rückgängig. Jetzt darf wieder jeder Medienanbieter auch politische Wahlwerbung veröffentlichen, das muss allerdings kostenfrei sein und die Chancengleichheit beachten. In der Praxis wirkt das Gebot der Kostenfreiheit prohibitiv: Es gibt kaum private Medien, die ihren Platz kostenfrei für Wahlwerbung zur Verfügung stellen. Damit bleibt es mehr oder weniger bei dem Monopol der öffentlich-rechtlichen Medien für und damit auch bei der indirekten Regierungskontrolle über die Wahlwerbung.

Die 4. GrundG-Änderung führte zudem neue verfassungsrechtliche Schranken für die Meinungsfreiheit ein. Diese Schranken gelten nicht nur für private Meinungsäußerungen, sondern auch für die Medien. Gemäß Art. IX. Abs. 4 GrundG i.d.F. ab dem 1.4.2013 dürfen Meinungsäußerungen die Menschenwürde Anderer nicht verletzen, und Art. IX. Abs. 5 GrundG i.d.F. ab dem 1.4.2013 verbietet Meinungsäußerungen, die die Würde von ethnischen, rassischen oder religiösen Gruppen oder auch die „Würde der ungarischen Nation" verletzen. Aus deutscher Sicht ist bereits merkwürdig, dass ein Kollektiv (z.B. eine Nation) Würde haben soll; das hat die Rechtsprechung, angefangen beim Reichsgericht, seit dem 19. Jh. durchgängig abgelehnt: Würde ist individuell, nicht kollektiv. Zudem ist der „Würdeschutz" eines Mehrheitskollektivs überflüssig und auch missbrauchsanfällig: Die ungarische Regierung hat öfters schon Kritik, die gegen sie gerichtet war, als „gegen die Würde der ungarischen Nation" interpretiert. Wenn ihr die Medienbehörde und die Gerichte in dieser Auffassung folgen, kann sie mit ihrem Arsenal an Sanktionsmöglichkeiten gegen regierungskritische Medien und diejenigen, von denen die Äußerungen stammen, vorgehen. Bislang ist diese Vorschrift einige Male v.a. gegen Äußerungen der oppositionellen rechtsradikalen Jobbik genutzt worden.

bb) Ehe und Familie

Der Vorschrift zum Schutz von Ehe und Familie in Art. L) Abs. 1 GrundG wurde vorgeworfen, dass sie anders als die alte Verfassung die Ehe als „zwischen Mann und Frau" definiere. In § 15 alte Verf. wurde die Ehe tatsächlich nicht näher definiert; die Beschränkung auf Verbindungen zwischen (einem) Mann und (einer) Frau lag jedoch durchgängig der Verfassungsrechtsprechung zu Grunde. Insofern hat Art. L) Abs. 1 GrundG lediglich die alte Verfassungsrechtsprechung kodifiziert.

Man kann der Vorschrift allerdings vorwerfen, dass sie das momentane Ehebild normativ zementiert und – anders als der offen formulierte § 15 alte Verf. –

einen Verfassungswandel ausschließt. Für Europa insgesamt und insbesondere für Deutschland haben der Europäische Menschenrechtsgerichtshof und das Bundesverfassungsgericht den Beginn eines solchen Verfassungswandels bereits konstatiert, sodass sich hier die sozialen Anschauungen zur Ehe so weit ändern können, dass sie sich ohne Umformulierung im Verfassungstext für andere Formationen als für einen Mann und eine Frau öffnet. Diese natürliche Entwicklung wird in Ungarn durch Art. L) Abs. 1 GrundG normativ ausgeschlossen[60].

Zudem mag man in der verfassungsrechtlichen Festlegung auf die heterosexuelle Ehe eine Spitze gegen gleichgeschlechtliche Paare und andere Lebensformen, die nicht der traditionellen Ehe entsprechen, sehen. Die sehr großzügige Regelung gleichgeschlechtlicher Lebenspartnerschaften, die diese sehr viel stärker der Ehe angleicht als z.B. in Deutschland, blieb allerdings ungeschmälert erhalten[61].

Nicht nur der Schutz der Ehe, auch der Schutz der Familie ist nicht ganz unproblematisch. § 15 alte Verf. und Art. L) Abs. 1 GrundG in seiner Ursprungsfassung unterstellten die „Familie" ohne weitere Erklärungen dem Schutz des Staates. Aus der Gegenüberstellung von „Ehe" und „Familie" in derselben Vorschrift folgerte das Verfassungsgericht, dass „Familie" etwas anderes oder zumindest mehr sein müsse als eine Ehe und die daraus hervorgegangenen Kinder; wenn sich die Familie auf eine Ehe beschränke, wäre ihre gesonderte Erwähnung neben der Ehe überflüssig[62]. Daher schütze die „Familie" alle auf solidarischem Zusammenleben basierenden Lebensformen; diese Auffassung steht im Einklang mit der Familiendefinition des Europäischen Gerichtshofs für Menschenrechte und liegt auch der Praxis des deutschen Bundesverfassungsgerichts zugrunde.

Auf die Entscheidung reagierte die 4. GrundG-Änderung, die Art. L) Abs. 1 GrundG um einen Satz 2 ergänzte, der den verfassungsrechtlichen Familienbegriff auf die Ehe und das Eltern-Kind-Verhältnis verengte[63]. Diese Änderung trägt ebenfalls zur Versteinerung eines konservativen Familienbilds bei, das den ideologischen Empfindlichkeiten des kleineren „Koalitions"-Partners geschuldet

---

60 Hingegen sieht der Beitrag von *B. Schanda* in diesem Band, Punkt VII., keine wesentliche Änderung zwischen altem und neuem Recht, insbesondere keine Wende zum Konservativen oder Christlichen.

61 Gesetz 2009:XXIX über die eingetragene Lebenspartnerschaft (...) v. 8.5.2009. Hierzu *Küpper, Herbert*: Ungarn, in: *Bergmann, Alexander / Ferid, Murad / Henrich, Dieter* (Hrsg.): Internationales Ehe- und Kindschaftsrecht mit Staatsangehörigkeitsrecht, Loseblatt, Frankfurt/M., Stand 31.8.2014.

62 So zuletzt Verfassungsgerichtsentscheidung 43/2012. (XII. 20.) AB v. 20.12.2012. Hierzu s. auch den Beitrag von *T. Sulyok* in diesem Band, Punkt V. 4.

63 *Zeller* (Fn. 6), S. 314–315.

ist und an der Lebenswirklichkeit der Mehrheit der ungarischen Haushalte vorbeigeht. Art. L) GrundG enthält allerdings auch nach der 4. GrundG-Änderung kein Verbot, andere Lebensweisen staatlich zu fördern oder zu schützen – jedoch auch keine Pflicht mehr hierzu.

b) Grundrechtsschutz

Im Rechtsstaat ist der Schutz individueller Rechte einschließlich der Grundrechte von besonderer Bedeutung. Daher wiegen Vorwürfe, das Grundgesetz reduziere das Schutzniveau, besonders schwer.

Tatsächlich hat das Grundgesetz den Schutz des Einzelnen gegenüber der Staatsgewalt verbessert. Der Ausbau des Individualrechtsschutzes vor dem Verfassungsgericht durch Einführung der Urteilsverfassungsbeschwerde wurde bereits unter Punkt II. 5. b) bb) dargelegt. Selbst wenn der erwähnte Vorwurf der Regierungsgegner stimmt, die Urteilsverfassungsbeschwerde solle v.a. die Aufmerksamkeit des Verfassungsgerichts von der Exekutive und der Legislative ablenken und zu einem Dauerkonflikt zwischen Justiz und Verfassungsgericht führen, so bewirkt die Urteilsverfassungsbeschwerde dennoch eine elementare Verbesserung des Grundrechtsschutzes. Ein Blick auf das deutsche Bundesverfassungsgericht zeigt, dass der Großteil der Verfassungsbeschwerden sich nicht gegen Rechtsvorschriften, sondern gegen Einzelakte richtet, und im ungarischen Verfassungsgericht sind ähnliche Tendenzen zu beobachten. Das ungarische Verfassungsgericht legt zwar die Zulässigkeitsvoraussetzungen der Urteilsverfassungsbeschwerde eng aus, sodass vergleichsweise wenige derartige Beschwerden den Weg in eine inhaltliche Prüfung schaffen. Hierin folgt das ungarische Gericht jedoch dem Vorbild des deutschen Bundesverfassungsgerichts. Bei beiden Gerichten liegt dieselbe Logik zugrunde: Die Verfassungsgerichte sollen sich auf die Auslegung und Anwendung von Verfassungsrecht beschränken und sich Aussagen zur richtigen Auslegung des einfachen Rechts enthalten, damit das Verfassungsgerichts nicht zu einer „Superrevisionsinstanz" wird. Die stringente Beschränkung der Zulässigkeit auf solche Urteilsverfassungsbeschwerden, die tatsächlich genuin verfassungsrechtliche Fragen aufwerfen, folgt somit der Systemlogik der Arbeitsteilung zwischen Justiz und Verfassungsgerichtsbarkeit[64]. Das Problem wird sich

64 Eine Selbstreflexion dieser Praxis mit äußerst bemerkenswerten Argumenten leistet das Parallelvotum von Verfassungsrichterin *Á. Czine* zur Verfassungsgerichtsverfügung 3039/2015. (II. 20.) AB v. 20.2.2015. Sie geht v.a. von der Erwartung des Bürgers auf effektiven Rechtsschutz aus. Hierzu s. auch den Beitrag von *P. Darák* in diesem Band, Punkt V. 4.

weiter entschärfen, wenn die ordentliche Justiz eine gesteigerte Sensibilität für verfassungsrechtliche Aspekte bei der Anwendung des einfachen Rechts entwickelt; das ist ein Prozess, der – angestoßen durch Verfassungsgericht und Kurie – eben erst begonnen hat.

Im rechtsstaatlichen Alltag ist die Verwaltungsgerichtsbarkeit noch wichtiger für den Rechtsschutz des Einzelnen als die Verfassungsgerichtsbarkeit[65]. Hier sind seit 2014 deutliche Verbesserungen in Vorbereitung. Nach der Wende wurde die gerichtliche Kontrolle auf alle Verwaltungsentscheidungen ausgedehnt, aber ansonsten blieb es bei sozialistischen Strukturen: Die Rechtsgrundlage des Verwaltungsprozesses bildet die hierfür völlig ungeeignete ZPO, wo ein eigenes Kapitel einige Besonderheiten des Verwaltungsprozesses regelt; die Verwaltungsrechtsprechung üben Spruchkörper in der ordentlichen Gerichtsbarkeit aus, ohne dass hierfür eine eigene Verwaltungsrichterlaufbahn geschaffen wurde, sodass häufig Zivilrichter – die in Ungarn traditionell obrigkeitsgläubig sind und ihre Aufgabe nicht darin sehen, der Exekutive zu „widersprechen" – Verwaltungsprozesse durchführen. Einen derartigen unreformierten Zustand gibt es in den ehemals sozialistischen Staaten sonst nur noch in der Slowakei. Hier ist eine fundamentale Reform in Vorbereitung. Anlässlich des Beginns der Neukodifikation des Zivilprozessrechts fiel 2014 die Entscheidung, den Verwaltungsprozess aus dem Zivilprozess auszulagern und eine separate Verwaltungsgerichtsordnung zu schaffen; über institutionelle Fragen der Ansiedlung von Verwaltungsgerichten wird später entschieden werden[66]. Ungarn hat das Glück, in *L. Trócsányi* einen Justizminister zu haben, der bereits 1992 eine fundierte Monografie über die Notwendigkeit einer funktionierenden Verwaltungsgerichtsbarkeit und deren Voraussetzungen vorlegte[67]. Auch die Kommission zur VwGO-Kodifikation wurde mit ausgewiesenen Fachleuten für Verwaltungs- und Verwaltungsprozessrecht besetzt; der Protest der Zivilprozessrechtler gegen diese von ihnen als „Enteignung" empfundene Entscheidung für ein öffentlich-rechtliches Verwaltungsprozessrecht wurde zu Recht übergangen. Noch sind die Konturen unklar, aber es ist zu erwarten, dass die tief greifende Reform der Verwaltungsgerichtsbarkeit den Verwaltungsrechtsschutz des Bürgers deutlich verbessern wird[68].

---

65 Zur Praxis des Grudrechtsschutzes im Zusammenspiel zwischen Verfassungsgericht und übriger Justiz s. den Beitrag von *P. Darák* in diesem Band.

66 Regierungsbeschluss 1011/2015. (I. 22.) Korm. über die Kodifizierung der Verwaltungsgerichtsordnung v. 22.1.2015.

67 *Trócsányi, László*: Milyen közigazgatási bíráskodást?, Budapest 1992.

68 Ausführlich hierzu *Küpper* (Fn. 43).

Weniger eindeutig ist das Bild bei den Ombudsleuten, und die sie betreffenden Veränderungen waren Gegenstand umfangreicher Kritik nicht zuletzt in westlichen Medien. Die alte Verfassung kannte vier gleichberechtigte Ombudsleute (allgemeine Grundrechte, ethnische Minderheiten, Datenschutz, kommende Generationen), die sich einen Verwaltungsapparat teilten. Art. 30 GrundG konzentrierte das Ombudsamt in einer Ombudsperson, die nunmehr grundsätzlich für alles zuständig ist. Um die Sonderbereiche der ethnischen Minderheiten und der kommenden Generationen kümmern sich besondere stellvertretende Ombudsleute (Art. 30 Abs. 3 Satz 2 GrundG). Aus der Sicht der Minderheiten und der Ökologie mag die Herabstufung des zuständigen Ombudsamtes von einer eigenen Ombudsperson zu einer stellvertretenden Ombudsperson als Schwächung oder zumindest als Abwertung wirken. Die Befürworter der Reform, u.a. die neue Ombudsperson, weisen darauf hin, dass die Aufhebung der früheren Zersplitterung und die Konzentration in einem Amtsträger zu einer Stärkung der Schlagkraft des Ombudsamtes geführt haben. Noch ist es zu früh, um an der Praxis zu messen, welche Seite Recht hat – Schwächung oder Stärkung des Schutzes durch die Ombudsperson. Die mit der Reform einhergegangene erhebliche Kürzung des Personals der Ombudsperson weist allerdings eher in Richtung Schwächung.

Ein Sonderproblem bildet der Datenschutz, für den unter der alten Verfassung eine spezielle Ombudsperson zuständig war. Das Datenschutzgesetz entzieht die Aufsicht über den Datenschutz den Ombudspersonen und unterstellt ihn einer Regierungsbehörde, der Nationalen Behörde für Datenschutz und Informationsfreiheit[69]. Zurzeit wird auf europäischer Ebene geprüft, ob dieses Amt die unionsrechtlich geforderte Neutralität und Unabhängigkeit besitzt. Festhalten kann man jedoch jetzt schon, dass im Bereich des Datenschutzes der Rechtsschutz des Bürgers durch das neue Institutionendesign gelitten hat.

III. Einige kritische Aspekte der ungarischen Verfassungsordnung, die die deutschsprachigen Medien nicht aufgegriffen haben

Neben den erwähnten Punkten, die in westlichen Medien – fachlich fundiert oder eben auch nicht – Kritik ausgelöst haben, gibt es weitere Punkte im Grundgesetz, die Anlass für Kritik sein könnten, mit denen sie aber die westlichen Medien nicht auseinandergesetzt haben. In der Folge werden einige dieser Punkte vorgestellt.

---

69 §§ 38–51 Gesetz 2011:CXII über das Recht der informationellen Selbstbestimmung und über die Informationsfreiheit v. 26.7.2011.

1. Kupierter Parlamentarismus

Die Bewilligung von Steuern und später des gesamten Haushalts ist – mehr noch als die Gesetzgebung – der Ursprung des Parlamentarismus in Europa. Unter dem Grundgesetz hat das ungarische Parlament aber nicht mehr die alleinige Haushaltshoheit. Wegen dieser gravierenden Einbuße an parlamentarischer Substanz kann man nur noch von einem „kupierten Parlamentarismus“ sprechen.

Gemäß Art. 44 Abs. 3 GrundG kann das Parlament das Jahreshaushaltsgesetz nur verabschieden, falls der sog. Haushaltsrat vorab zugestimmt hat. Dieser Haushaltsrat hat drei Mitglieder: von Amts wegen den Präsidenten der Ungarischen Nationalbank und den Präsidenten des Rechnungshofs sowie einen vom Staatspräsidenten ernannten Vorsitzenden. Gibt dieses Gremium nicht ausdrücklich seine Zustimmung zum Etatentwurf, kann das Parlament diesen nicht verabschieden.

Ein erstes Problem liegt in der Zusammensetzung des Haushaltsrats. Die Ungarische Nationalbank ist einerseits ein starker Akteur in der staatlichen Finanz- und Geldpolitik und hat zumindest indirekt auch Einfluss auf die Haushaltspolitik. Andererseits soll die Nationalbank eben diese Politik mit kontrollieren. Das führt leicht zu einer Rollenverwirrung oder gar einem Rollenkonflikt in der Nationalbank: Kontrolleur und Kontrollierter sind teilweise identisch oder zumindest stark verschränkt.

Das zweite Problem liegt darin, dass es keine Möglichkeit gibt, eine missbräuchlich verweigerte Zustimmung des Haushaltsrates zu ersetzen. Gemäß Art. 44 Abs. 3 GrundG soll der Haushaltsrat seine Zustimmung zum Haushalt nur verweigern, wenn dieser die Bestimmungen zur Schuldenbremse verletzt. Es gibt jedoch keine Verfahren für die Situation, dass der Haushaltsrat die Zustimmung aus anderen Motiven verweigert oder ganz einfach passiv bleibt. Das ungarische Verfassungsprozessrecht kennt keinen Organstreit wie in Deutschland, sondern nur einen Kompetenzkonflikt[70], und mit dieser Prozessart ist das geschilderte Problem nicht zu beheben. Auch die haushaltsrechtliche Ausführungsgesetzgebung[71] enthält keinerlei Vorkehrungen, wie mit einer solchen Situation umzugehen ist.

Das führt zu einem dritten Problem, denn Kritiker argwöhnen, dass das Fehlen an Verfahren zur Behebung einer missbräuchlich verweigerten Zustimmung

70 Näher hierzu *Brunner/Sólyom* (Fn. 34), S. 38.

71 Gesetze 2011:CXCIV über die wirtschaftliche Stabilität Ungarns, 2011:CXCV über den Staatshaushalt und 2011:CXCVI über das nationale Vermögen, alle v. 30.12.2011; näher hierzu IOR-Chronik, Wirtschaft und Recht in Osteuropa 2012 S. 119–120; Schwerpunkte der Rechtsentwicklung 2011 – Ungarn, Jahrbuch für Ostrecht 53 (2012), S. 118.

Absicht ist und System hat. Die Mitglieder des Haushaltsrates wurden alle nach 2010 ernannt und sind brave Fidesz-Anhänger. Ihre Amtszeiten dauern weit über den parlamentarischen Zyklus hinaus an. Das führt dazu, dass ein späteres Parlament, in dem eine andere Partei als Fidesz die Mehrheit hat, sich einem Haushaltsrat aus Fidesz-Parteisoldaten gegenüber sieht. Dieser braucht nur passiv zu bleiben, um das Zustandekommen des Haushalts zu verhindern. Als Clou kann der Staatspräsident (ebenfalls ein Fidesz-Mann mit einer Amtszeit über die Dauer des Parlaments hinaus) gemäß Art. 3 Abs. 3 Buchst. b) GrundG das Parlament auflösen, falls es keinen Haushalt zu Stande bringt. Warum das Parlament keinen Haushalt verabschiedet, ist aus Sicht von Art. 3 Abs. 3 Buchst. b) GrundG gleichgültig; das Auflösungsrecht besteht formell auch, falls der Haushaltsrat seine Zustimmung missbräuchlich nicht erteilt.

Unabhängig von diesen parteipolitischen Konstellationen ist ein System, in dem das Parlament keine volle Haushaltshoheit hat, kein echter Parlamentarismus mehr. Was die Einschränkung des Budgetrechts des Parlaments politisch bedeutet, konnte man u.a. an der deutschen Debatte um den *Schäuble*-Vorschlag eines EU-Vetorechts gegen nationale Haushalte im Herbst 2013 sehen. Ein System, das das Zustandekommen des Haushalts von der Zustimmung einer außerparlamentarischen, zur Exekutive gehörenden Instanz abhängig macht, kann nur als „kupierter Parlamentarismus“[72] bezeichnet werden.

2. Zweidrittelgesetze

Seit der Wende kennt die ungarische Verfassungsordnung zwei Kategorien von Gesetzen: die, die mit einfacher Mehrheit verabschiedet werden, und die, die zum Erlass, zur Änderung und zur Aufhebung eine Zweidrittelmehrheit im Parlament benötigen. Letztere Gruppe wird vom Grundgesetz „ahistorisch historisierend“ Kardinalgesetz (*sarkalatos törvény*) genannt[73].

Zweidrittelgesetze sind aus demokratietheoretischer Sicht problematisch, weil sie die demokratischen Verantwortlichkeiten verwischen, sofern nicht gerade die Regierung alleine über eine Zweidrittelmehrheit im Parlament verfügt. Unter den „normalen“ Bedingungen einer einfachen Regierungsmehrheit können

72 Im Übrigen ist die Substanz des Parlamentarismus vorhanden, d.h. die Regierung wird alleine durch das Parlament gewählt und auch wieder abberufen.

73 Zur Kritik an diesem bewusst historisch falsch verwendeten Begriff s. *Küpper*, Ungarns Verfassung (Fn. 4), S. 68–69, m.w.N. Zur Vergangenheitspolitik des Grundgesetzes *Schweitzer, Gábor*: Fundamental Law – Cardinal Law – Historical Constitution: The Case of Hungary since 2011, Journal on European History of Law 2013/1, S. 124–128.

Zweidrittelgesetze nur im Zusammenwirken mit der Opposition erlassen, geändert oder aufgehoben werden. Das erfordert von der Regierung Kompromisse gegenüber der Opposition und damit ein partielles Abgehen von dem Programm, für das sie gewählt wurde, und von der Opposition erfordert es die partielle Übernahme von Regierungsverantwortung. Dadurch verwischen die demokratischen Verantwortlichkeiten, und der Wähler kann nicht mehr erkennen, wer für welche Entscheidung die politische Verantwortung trägt. Zwar gibt es das Institut von Zweidrittelgesetzen, Verfassungsgesetzen u.ä. in einigen Ländern, aber der Befund bleibt: Es ist demokratietheoretisch unbefriedigend, und die saubere Lösung wäre, dass Fragen von einer so großen Bedeutung, dass sie nur im großen Konsens gelöst werden können oder sollen, in die Verfassung eingearbeitet werden, während alle übrigen Fragen durch die einfache Regierungsmehrheit entscheiden werden können, die dafür vor dem Wähler die politische Verantwortung trägt[74]. Dass das zwangsweise Zusammenwirken von Regierung und Opposition auch in Deutschland als problematisch empfunden wird, zeigt die letzte große Föderalismusreform: Etliche Gesetzgebungsmaterien wurden von der Zustimmungspflicht des Bundesrats – die materiell eine Zustimmungspflicht der Opposition darstellt – befreit, damit die einfache Mehrheit im Bundesrat in eigener politischer Verantwortung diese Fragen regeln kann.

Die Regierung verteidigt das Institut der Zweidrittelgesetze mit dem Hinweis darauf, sie entsprächen ungarischer Tradition. Das kann nicht überzeugen: Das Institut ist gerade einmal 25 Jahre alt und hat seinen Entstehungsgrund in gegenseitigem Misstrauen. Am Runden Tisch einigten sich 1989 Regierung und Opposition darauf, bestimmte Materien an eine Zweidrittelmehrheit zu binden, weil keine der Parteien das Ergebnis der ersten freien Wahlen vorhersehen konnte, keine der Parteien der anderen Seite vertraute und somit beide Seiten für sich selbst für den Fall der Fälle eine Vetoposition wünschten. Kurzer Zeitablauf und gegenseitiges Misstrauen können aber im Rechtsstaat keine Basis für eine „Tradition" sein.

Während unter der alten Verfassung v.a. Verfassungsorgane und politiknahe Grundrechte zweidrittelpflichtig waren, dehnte das Grundgesetz den Bereich der Zweidrittelgesetzgebung auch auf klassische *Policy*-Materien wie den Schutz der Familien, die Tragung öffentlicher Lasten oder die sozialen Sicherungssysteme aus [Art. L) Abs. 3, Art. 40 GrundG]. Damit unterliegen auch etliche Fragen der

74 So auch die Venedig-Kommission (Fn. 3). Die Kritik teilt *Z. Szabó* in seinem Beitrag in diesem Band, Punkt III.

Tagespolitik der Zweidrittelgesetzgebung[75]. Nach dem Inkrafttreten des Grundgesetzes fiel das zunächst nicht weiter auf, weil die Regierung ja über die Zweidrittelmehrheit im Parlament verfügte und daher auch Zweidrittelmaterien nach Gusto regeln konnte. Seit Frühjahr 2015 ist die Zweidrittelmehrheit von Fidesz im Parlament verloren; es ist aber noch zu früh, um sagen zu können, wie sich das Zweidrittelerfordernis in tagespolitischen Materien unter den Bedingungen einer nur einfachen Regierungsmehrheit für Fidesz auswirkt.

Die Zweidrittelgesetzgebung in *Policy*-Angelegenheiten wurde bisher zudem eher schonend ausgeübt. Das in Ausführung von Art. L) Abs. 3 GrundG als Zweidrittelgesetz ergangene Familienschutzgesetz beschränkt sich auf einige grundlegende und wenig kontroverse Prinzipien[76], während der eigentliche sozialrechtliche Gehalt in anderen, der einfachen Mehrheit unterliegenden Gesetzen geregelt bleibt. Ob das Verfassungsgericht diese Aushöhlung des Zweidrittelerfordernisses akzeptieren wird, muss sich noch zeigen.

3. Finanzverfassung

Im Gegensatz zur alten Verfassung äußert sich das Grundgesetz auch zu den öffentlichen Finanzen und widmet ihnen sogar ein ganzes Kapitel (Art. 36–44 GrundG). Dass auch die öffentlichen Finanzen nunmehr eine Regelung auf Verfassungsebene erfahren, ist uneingeschränkt als positiv zu werden.

Problematisch ist v.a. das Zustandekommen dieses Kapitels. Sein zentraler Bestandteil ist eine Schuldenbremse. Es wurde im Vorfeld keine öffentliche Debatte geführt, ob eine Schuldenbremse überhaupt sinnvoll ist. Immerhin wird damit ein genuin politisches Problem verrechtlicht, was den Spielraum der demokratisch gewählten politischen Institutionen Parlament und Regierung einengt und letztlich die Macht von nicht unmittelbar demokratisch legitimierten Kontrollgremien wie Haushaltsrat[77] und Verfassungsgericht steigert. Der Verrechtlichung eines so zentralen Politikbereichs sollte eine intensive politische und gesellschaftliche Debatte vorausgehen, wie dies z.B. in Deutschland in den letzten beiden Jahrzehnten geschehen ist. Diese hat in Ungarn aber nicht stattgefunden, so wie das gesamte Grundgesetz ohne vorangehende demokratische Diskussion erarbeitet und verabschiedet wurde[78].

---

75 Kritisch hierzu *Jakab* (Fn. 10), S. 200–201.

76 Gesetz 2011:CCXI über den Schutz der Familien v. 31.12.2011.

77 Zur Problematik des durch den Haushaltsrat kupierten Parlamentarismus s.o. Punkt III. 1.

78 Zu diesem Missstand s.o. Punkt III. 1.

Fragwürdig ist auch der Anknüpfungspunkt der Schuldenbremse, die gemäß Art. 36 Abs. 3–4 GrundG greift, solange die Staatsverschuldung die Hälfte des Bruttoinlandsprodukts übersteigt. Auch hier wäre eine fachliche ebenso wie eine politische Debatte sinnvoll gewesen. So ist der Bezugspunkt nur in Ungarn die Staatsverschuldung, während vergleichbare Vorschriften in Deutschland das Haushaltsdefizit oder in der Schweiz die öffentlichen Ausgaben zum Kriterium nehmen. Auch die Höhe von 50 % des Bruttoinlandsprodukts als Grenze ist willkürlich. Sowohl das „ob" als auch das „wie" einer Schuldenbremse wirft grundlegende Systemfragen auf, über die eine Gesellschaft debattieren sollte, bevor verbindliche Rechtsregeln geschaffen werden.

4. Sondersteuern

Von den westlichen Medien fast gänzlich unbeachtet fügte die 4. GrundG-Änderung eine überaus problematische Vorschrift in Art. 37 Abs. 6 GrundG ein. Sie lautete[79]:

„Falls so lange, wie die Staatsverschuldung die Hälfte des Bruttoinlandsproduktes überschreitet, sich aus einer Entscheidung des Verfassungsgerichts, des Gerichts der Europäischen Union beziehungsweise eines anderen Gerichts oder Rechtsanwendungsorgans eine durch den Staat zu erfüllende Zahlungsverpflichtung ergibt, für deren Erfüllung die in dem Gesetz über den zentralen Haushalt für diesen Zweck vorab bestimmte Summe nicht genügt, ist eine Abgabe zur Deckung des gemeinsamen Bedarfs festzusetzen, die in ihrem Inhalt und auch in ihrer Benennung ausschließlich und ausdrücklich an die Erfüllung dieser Pflicht anknüpft."

Diese textlich schwerfällige und schwer verständliche Vorschrift[80] sollte das Verfassungsgericht[81], die ordentlichen Gerichte und europäische Instanzen

---

79 Übersetzung von *Herbert Küpper*.

80 Ein hypothetisches Beispiel: Ein ungarisches Gericht verurteilt den ungarischen Staat, wegen einer rechtswidrigen Handlung Schadensersatz an das Unternehmen XY zu zahlen (§ 6:548 ung. BGB). Falls für den Schadensersatz keine Haushaltsdeckung besteht (was die Regierung sehr leicht selbst bewirken kann, denn nur sie kann den Haushaltsentwurf im Parlament einbringen: Art. 36 Abs. 1 Satz 2 GrundG), müsste das Parlament ein Sondergesetz über eine Sondersteuer beschließen, und das Gesetz müsste den Titel tragen: „Gesetz über die Sondersteuer, die den Zweck hat, den Schadensersatz i.H.v. xxx HUF aufzubringen, den der ungarische Staat aufgrund eines Urteils der Kurie an das Unternehmen XY zahlen muss".

81 Das Verfassungsgericht ist in Fällen, die größere Auswirkungen auf die Staatsfinanzen haben können, ohnehin sehr zurückhaltend und verneint bisweilen seine Zuständigkeit, etwa in der Angelegenheit der entschädigungslosen Enteignung und

abschrecken, finanzielle Verpflichtungen für Ungarn auszusprechen. Das bedeutet, dass die Gerichte Recht mit Rücksicht auf die finanziellen Folgen sprechen sollen. Rechtsprechung nach Kassenlage widerspricht aber einer fundamentalen Tradition europäischer Rechtskultur, die bereits im römischen Recht galt: „iudex non calculat".

Art. 37 Abs. 6 GrundG ist zudem unredlich, weil er den Gesetzgeber zum Lügen zwingen würde. Die dort genannten Rechtsanwendungsorgane (Verfassungsgericht, EuGH, ungarische Gerichte und Behörden) begründen keine Verpflichtungen für den ungarischen Staatshaushalt, sondern sprechen nur eine ohnehin schon rechtlich vorhandene Verpflichtung aus. An dem Zustandekommen dieser Verpflichtung des ungarischen Staates haben aber ungarisches Parlament und ungarische Regierung entweder als nationaler Gesetzgeber oder als Teil der Entscheidungsträger in der EU aktiv mitgewirkt. Zudem führt die Regierung die Voraussetzung von Art. 37 Abs. 6 GrundG, nämlich die mangelnde Haushaltsdeckung, selbst herbei. Die Regierung ist verpflichtet, auch für unvorhergesehene Fälle eine gewisse Reserve im Haushalt bereitzuhalten, und wenn sie das nicht tut, kann sie nicht mit dem Finger auf andere Organe zeigen, die sie an die Zahlungspflichten des ungarischen Staates erinnert – genau dieses Verhalten will Art. 37 Abs. 6 GrundG aber erzwingen[82].

Soweit der EuGH betroffen ist, muss man dieses Verhalten als unionsunfreundlich, d.h. als Verletzung der sog. „Unionstreue" von Mitgliedstaaten einstufen. Deshalb wurde insoweit ein Vertragsverletzungsverfahren eingeleitet. Auf diesen Druck der EU hin hob die 5. GrundG-Änderung die Vorschrift nicht nur in Bezug auf den EuGH, sondern in Gänze ersatzlos auf.

Verstaatlichung der Privatrentenversicherungen und der von den Versicherten angesparten Privatrentenkonten: Verfassungsgerichtsverfügung 3101/2012. (VII. 26.) AB v. 26.7.2012, hierzu *Küpper* (Fn. 27), S. 124.

82 *Küpper* (Fn. 4), WiRO 2014, S. 11.

Prof. Balázs Schanda, Ph.D.

Pázmány Péter Katholische Universität Budapest

Christlich oder neutral? Die Identität des neuen ungarischen Grundgesetzes

Abstract: Unlike the previous Hungarian Constitution, the new Basic Law of Hungary contains several references to God, to Christianity and to the Christian churches. This essay analyses the religious neutrality and the Christian contents of the Basic Law. Whereas the freedom of religion and the religious neutrality of the state are part of the 'strict constitutional law', i.e. belong to the normative text of the Basic Law, the references to Christianity and Christian churches serve more as a historical framework of Hungary's present identity and therefore are symbolic rather than normative.

Inhalt

I. Einleitung

Am Ostermontag 2011, mehr als zwei Jahrzehnte nach der Wende, wurde die neue Verfassung Ungarns verabschiedet. Sie trat am 1. Jänner 2012 in Kraft. Die kommunistische Verfassung von 1949, die 1989–1990 einer Generalrevision unterzogen worden war, wurde durch das sog. Grundgesetz ersetzt. Das Bestreben nach einer vollständig neuen, unter demokratischen Verhältnissen verabschiedeten Verfassung blieb bis zum Erdrutschsieg des Mitte-Rechts-Parteienbündnisses im Jahre 2010 unerfüllt. Als die Wahlsieger die verfassunggebende Mehrheit im

Parlament erlangten, konnte die anhaltende Kompromissunfähigkeit der politischen Elite überwunden werden.[1]

In der Vorkriegszeit besaß Ungarn ein höchst konservatives Rechtssystem. Es gab weder eine geschriebene Verfassung noch ein kodifiziertes Zivilrecht. Nach der kommunistischen Machtübernahme wurde im Jahr 1949 eine Verfassung nach sowjetischem Muster erlassen. In paradoxer Weise brach diese erste geschriebene Verfassung des Landes nicht nur mit den geschichtlichen Traditionen, sondern auch mit den grundlegenden Werten der Demokratie, der Gewaltenteilung, der Rechtsstaatlichkeit und der Menschenrechte. Auf die Wende und die Generalrevision der Verfassung in den Jahren 1989–1990 folgten zwei Jahrzehnte zahlreicher weiterer Detailänderungen, z.B. im Zusammenhang mit dem Beitritt Ungarns zur EU im Jahre 2004. Die einst kommunistische Verfassung hatte sich zu einem weltanschaulich neutralen rechtlichen Rahmen für eine pluralistische Gesellschaft gewandelt.

Demokratie, Rechtsstaatlichkeit, Gewaltenteilung, Grundrechte – Werte, die die Verfassungsidentität europäischer Staaten bestimmen – sind im ungarischen Grundgesetz von 2011 niedergelegt. In dieser Hinsicht fügt sich die neue Verfassung in die herrschende Richtung europäischer Verfassungsentwicklung ein. Auseinandersetzungen drehen sich einerseits eher um Detailfragen wie z.B. die Rechtsstellung des Haushaltsrates oder die Kompetenzeinschränkung des Verfassungsgerichts, anderseits um das Gesamtbild, das zum Teil von den genannten Detailfragen bestimmt wird. Einer der Aspekte, die auch das Gesamtbild bestimmen, ist die weltanschauliche Ausrichtung, die christliche Rhetorik des Grundgesetzes: Wurde die weltanschauliche Neutralität aufrechterhalten oder bekennt sich Ungarn durch das Grundgesetz auch verfassungsrechtlich zum Christentum? Einige betrachten das Grundgesetz auch in dieser Hinsicht als ein ausgrenzendes,

---

1 Frühere Bestrebungen wie jene der gleichfalls mit einer Zweidrittelmehrheit ausgestatteten sozialliberalen Koalition zwischen 1994 und 1997 oder jene der Mitte-Rechts-Regierung zur Jahrtausendwende, die in den Jahren 1989–1990 geschaffene Rechtslage für „endgültig“ zu erklären und den Übergangscharakter der Verfassung zu tilgen, scheiterten am Widerstand der Sozialisten. Demgegenüber waren es jetzt die Sozialisten, die sich an den Kompromiss von 1989 halten wollten. Gegensätzliche Interessen von Regierung und Opposition ließen die erforderliche Mehrheitsbildung im Verfassunggebungsprozess scheitern: *G. Kovács*, Ungarns neue Verfassung – In Kraft 1. Januar 2012. Osteuropa-Recht 57 (2011), S. 253–261.

ideologisch einseitiges Dokument,[2] während andere das öffentliche Bekenntnis zur Christentum begrüßen.[3]

II. Weltanschauliche Neutralität im ungarischen Verfassungsrecht

Das Prinzip der weltanschaulichen Neutralität des Staates wurde in Ungarn – ähnlich wie in der Bundesrepublik Deutschland[4] – vom Verfassungsgericht erarbeitet und war nicht in der Verfassung ausdrücklich festgelegt. Die erste Erwähnung der Neutralität fand sich in der Entscheidung zur Meinungsfreiheit, als das Verfassungsgericht 1991 den Tatbestand der Aufstachelung zum Rassenhass für zum Teil verfassungswidrig befand. In der Begründung erwähnte es, dass die Verfassungsänderung, die nach den ersten freien Parlamentswahlen erfolgte (Gesetz 1990:XL), die „eben als Beispiel des Pluralismus angeführten geistigen Hauptströmungen strich" und dadurch die Verfassung ideologisch neutral wurde.[5]

Wie das Grundsatzurteil zur Religionsfreiheit formuliert: „Der Staat muss in religiösen und in anderen Fragen der Gewissensüberzeugung eine neutrale Stellung einnehmen. Aus dem Recht auf Religionsfreiheit folgt die Verpflichtung des Staates, die Möglichkeit der freien Bildung der individuellen Überzeugung zu sichern. Die Trennung von Kirche und Staat bedeutet nicht, dass der Staat die Eigenarten der Religion und der Kirche unberücksichtigt lassen muss."[6] Das

---

2 Tóth Gábor Attila alkotmányjogásszal Sólyom Péter beszélget. Fundamentum 2012/4, S. 67 (74); *Pap András László*: Az Alaptörvény preferenciáiról. Magyar Jog 61 (2014), S. 686–698.

3 *Salamon, László*: Keresztény értékek a magyar alaptörvényben, Vortragstext einzusehen unter http://barankovics.hu/_f/honlapra/salamon_laszlo_eloadas.pdf.

4 BVerfGE 12, 1; 19, 223. Umfassend zur Neutralität *Schlaich, Klaus*: Neutralität als verfassungsrechtliches Prinzip. Vornehmlich im Kulturverfassungs- und Staatskirchenrecht, Tübingen: Mohr Siebeck, 1972.

5 Entscheidung 30/1992. (V. 26.) AB, in deutscher Sprache in: *Brunner, Georg / Sólyom, László*: Verfassungsgerichtsbarkeit in Ungarn. Analysen und Entscheidungssammlung 1990–1993, Baden-Baden: Nomos, 1995, S. 368 (380). Die erwähnten „geistigen Hauptströmungen" zielen auf die Formulierung, die § 2 Abs. 1 Verf. in der Fassung vom 23.10.1989 bis zu der Änderung durch Gesetz 1990:XL enthielt: Danach war die Republik Ungarn „ein unabhängiger, demokratischer Rechtsstaat, in dem die Werte der bürgerlichen Demokratie und des demokratischen Sozialismus gleichermaßen verwirklicht werden". Gesetz 1990:XL hob den Halbsatz auf, der auf die bürgerliche Demokratie und den demokratischen Sozialismus abstellte.

6 Im Tenor der Entscheidung 4/1993 (II. 12.) AB, hierzu *Brunner/Sólyom* (Fn. 87), S. 421.

Verfassungsgericht wies auch auf die Trennung von Staat und Kirche hin, die § 60 Abs. 3 der Verfassung vorschrieb und garantierte. Trennung kann einerseits als Konsequenz der Neutralität betrachtet werden, gleichzeitig ist sie auch eine institutionelle Garantie der Neutralität. Aus dem Prinzip der Trennung folgt, dass der Staat weder mit den Kirchen noch mit einer Kirche institutionell verflochten werden kann, sich nicht mit der Lehre einer Kirche identifizieren darf und sich andererseits weder in die inneren Angelegenheiten der Kirchen einmischen noch in Fragen der Glaubenswahrheit Stellung nehmen kann. Mit dem neutralen und allgemeinen gesetzlichen Rahmen gewährt der Staat gerade die größtmögliche Religionsfreiheit. Das Verfassungsgericht betonte, dass die Trennung von Staat und Kirche den Staat nicht von der Pflicht entbinde, die positiven wie die negativen, miteinander gleichberechtigten Religionsfreiheiten zu gewähren. Der Staat könne weder die positive noch die negative Religionsfreiheit als Grundfall betrachten, dem gegenüber der andere als Ausnahmefall zu verstehen wäre. Gleichfalls folge aus der Neutralität des Staates weder die negative Religionsfreiheit, d. h. die Freiheit „von Religion", noch die religiöse Indifferenz. Es sei die Pflicht des Staates, die Möglichkeit der Wahl für Alle zu fördern. Der Inhalt des Prinzips der Trennung ist von historischen Gegebenheiten bestimmt. Die heutige Bedeutung der Verfassungsbestimmung über die Trennung ist also im Hinblick auf die Rolle der Kirchen in der Geschichte Ungarns, unter Berücksichtigung der Säkularisation und ihrer gegenwärtigen Rolle auszulegen. In den Aufgaben, die ehemals zum kirchlichen Betätigungsfeld gehörten, aber zurzeit von Staat wahrgenommen werden (Erziehung, Krankenpflege, Sozialarbeit), schließt die Trennung die Zusammenarbeit nicht aus, wenn auch rigorose Garantien der Trennung erforderlich sind. Die Gleichbehandlung aller eingetragenen Kirchen sollte die Berücksichtigung der tatsächlichen gesellschaftlichen Rolle der einzelnen Kirchen gleichfalls nicht außer Acht lassen.[7]

Die weltanschauliche Neutralität wurde in Ungarn oft missverstanden. Einige befürchteten der Dominanz der neutralen Ideologie nach vier Jahrzehnten kommunistischen Atheismus.[8] Selbstverständlich gibt es keine neutrale Ideologie – und wenn es sie gäbe, hätte der neutrale Staat auch gegenüber der neutralen Ideologie Neutralität bewahren. Die weltanschauliche Neutralität bedeutet auch keine Wertneutralität, denn (fast) jede Verfassung und in ihren Rahmen auch

---

7 Entscheidung 4/1993. (II. 12.) AB, VerfGE 1993, 48 (52); hierzu *Brunner/Sólyom* (Fn. 87), S. 469.

8 Das Argument kommt in kirchlichen Kreisen oft vor.

jede Regierung und Partei versuchen Werte zu fördern und zu entfalten. Dies wiederspricht der weltanschaulichen Neutralität nicht.

Das Verhältnis von Staat und Kirchen in Ungarn hat sich nach 1989 zu einer für Kooperation offenen Trennung entwickelt, der staatskirchliche Institutionen ebenso fremd waren wie die religiöse Indifferenz des Staates: eine wohlwollende, für die Zusammenarbeit mit den Kirchen offene, nicht eine feindlich gesinnte „laizistische" Trennung. Die Frage nach der Neutralität beinhaltet auch, ob die neue Verfassungslage bloß neue Akzente setzt oder eine grundlegende Abkehr von dem bewährten Staat-Kirche-Modell bedeutet.

III. Religiöse Rhetorik des Grundgesetzes

Das Grundgesetz bringt eine neue Rhetorik in das Verfassungsrecht. Der Text beginnt mit einer langen Präambel, dem „Nationalen Glaubensbekenntnis", unter dem Motto „Gott, segne den Ungarn!" – ohne Anführungszeichen entliehen handelt es sich dabei um die erste Zeile der Nationalhymne, ein Gedicht aus dem Jahr 1823, das seit dem 19. Jahrhundert – auch während der kommunistischen Herrschaft – als Nationalhymne, seit Anfang des 20. Jahrhunderts auch als Staatshymne galt[9] und von der früheren Verfassung ebenfalls als Hymne festgelegt wurde. Die Hymne verbindet alle Ungarn in einer Weise, dass sie für einige Bürger zweifelsohne zusätzliche Inhalte in sich trägt: Am Ende eines Gottesdienstes dient sie als Gebet, bei einem Sportereignis kann das weniger behauptet werden. Die traditionelle Wendung der Hymne kann aber keinesfalls als ausgrenzend bezeichnet werden. Das Grundgesetz endet mit einer Postambel, die vom Bonner Grundgesetz inspiriert sein könnte, während der letzte Satz ein Zitat aus der Proklamation vom 15. März 1848, dem Ausbruch des Aufstandes in Ungarn, ist:

„Wir, die Abgeordneten der am 25. April 2010 gewählten Landesversammlung, im Bewusstsein unserer Verantwortung vor Gott und dem Menschen, indem wir von unserer verfassunggebenden Gewalt Gebrauch machen, legen Ungarns erstes einheitliches Grundgesetz gemäß dem Obigen fest.

Mögen Friede, Freiheit und Übereinstimmung herrschen."[10]

---

9 *Horkay Hörcher Ferenc*: The National Avowal. in: *Csink Lóránt / Schanda Balázs / Varga András Zs.* (Hrsg.): The Basic Law of Hungary. A First Commentary, Dublin: Clarus Press – National Institute of Public Administration, 2012, S. 25–45 (31).

10 Zitate aus dem Grundgesetz stammen aus der Übersetzung von *H. Küpper* in *Küpper, Herbert*: Ungarns Verfassung vom 25. April 2011. Einführung – Übersetzung – Materialien, Studien des Instituts für Ostrecht München Bd. 70, Frankfurt/Main: Peter Lang Verlag, 2012 S. 199–260.

In der Präambel wird das Christentum zweimal erwähnt, beide Formulierungen sind in die Vergangenheit gerichtet:

„Wir sind stolz darauf, dass unser König István der Heilige vor tausend Jahren den ungarischen Staat auf feste Grundlagen gestellt hat und unser Vaterland zu einem Teil des christlichen Europa gemacht hat."

Im selben Absatz, einige Sätze später:

„Wir erkennen die nationserhaltende Rolle des Christentums an. Wir schätzen die verschiedenen religiösen Traditionen unseres Landes."

Mit diesen Hinweisen soll die historische Tatsache anerkannt werden, dass es Ungarn ohne das Christentum nicht gäbe.[11] Genau gesehen geht es dabei aber weder um dessen heutige noch um seine religiöse, sondern nur um seine historische Rolle. Die Anerkennung der geschichtlichen Rolle des Christentums schwächt die Neutralität des heutigen Verfassungsstaates nicht.

Es ist anzumerken, dass im Ungarischen Gott in verschiedenen sprachlichen Wendungen vorkommt: bei Geburtstagsgrüßen oder auch beim Willkommensgruß. Bei diesen Anlässen mag die Formulierung traditionsreich klingen, hat aber oft keinen religiösen Gehalt, vergleichbar mit „Grüß Gott!" in Österreich oder Bayern. Das Motto steht noch vor der Präambel, die Bedeutung ist im symbolischen und nicht im rechtlichen Raum zu suchen. Der anerkannte konservative Rechtswissenschaftler *János Zlinszky* wies darauf hin, dass für den Adressat in der Segensbitte die Rechtsvorschriften nicht bindend seien.[12] Der Gottesbezug des Grundgesetzes könnte als ein gutes Beispiel dafür gewertet werden, dass die Tradition in kreativer Weise mit einem neuen Inhalt gefüllt wird: Den Befürwortern des Gottesbezuges wurde Genüge getan, ohne säkulare Gefühle zu verletzen – wahrscheinlich bilden die Befürworter und Gegner in dieser Frage Minderheiten gegenüber einer Mehrheit, die diesbezüglich über keinen fundierten Standpunkt verfügt. Mit der Heranziehung der Hymne kann sich diese Mehrheit ebenfalls identifizieren, und auch die ausgesprochen säkularen Kräfte hätten keine Einwände.

Zwar dient die Präambel als Auslegungsmaßstab [Art. R) Abs. 3 Grundgesetz]. Hier jedoch geht es um deskriptive und nicht um präskriptive Formulierungen.

---

11 Wie *Antal Szerb* (1901–1945), ein Schriftsteller der Zwischenkriegszeit, festgestellt hat, ist die ungarische – wie die französische – Kultur durch die Taufe entstanden, während die germanische Kultur eine bekehrte ist; vorchristliche Traditionen in Ungarn sind künstliche Nachahmungen. *Szerb Antal*: Magyar irodalomtörténet. 10. Aufl., Budapest: Magvető, 1992, S. 29.

12 *Zlinszky János*: Észrevételek az új Alkotmány „húsvéti" szövegéhez, in: *Borbély Anett / Téglási András / Virányi András* (Hrsg.): Az új Alaptörvényről – elfogadás előtt, Budapest: Az Országgyűlés Alkotmányügyi, igazságügyi és ügyrendi bizottsága, 2011, S. 26.

Ungarn wird nicht als christliches Land definiert. Auf bemerkenswerte Weise wird die weltanschauliche Neutralität des Staates in zwei höchst relevanten neuen Gesetzesstellen ausdrücklich erwähnt: in der Präambel des neuen Gesetzes über Kirchen (Gesetz 2011:CCVI) und im Unterrichtsgesetz (§ 74 Abs. 3 Gesetz 2011:CXC). Demgegenüber war die weltanschauliche Neutralität des Staates früher gesetzlich nicht festgelegt, der Begriff wurde lediglich in der Rechtsprechung des Verfassungsgerichts verwendet. Da die genannten Gesetze in derselben Legislaturperiode wie das Grundgesetz von derselben Parlamentsmehrheit verabschiedet wurden, können sie die Ausrichtung des Verfassunggebers hin zur Neutralität bekunden. Weder die erwähnten Hinweise noch die Wertebekenntnisse bedeuten eine Abkehr vom Neutralitätsprinzip.

IV. Religionsfreiheit und Religionsgemeinschaften

Die Religionsfreiheit hat in Art. VII. des neuen Grundgesetzes denselben Wortlaut, wie zuvor seit 1989 § 60 der damals geltenden Verfassung hatte:

> „(1) Jeder hat das Recht auf Gedanken-, Gewissens- und Religionsfreiheit. Dieses Recht umfasst die freie Wahl oder Änderung der Religion oder anderen Überzeugung und die Freiheit, dass jeder seine Religion oder andere Überzeugung im Wege der Verrichtung religiöser Handlungen und Zeremonien oder auf sonstige Weise, sei es individuell, sei es gemeinsam mit Anderen, öffentlich oder im Privatleben kundtut oder nicht kundtut, ausübt oder lehrt."

In den weiteren Absätzen fallen jedoch bemerkenswerte Änderungen auf. Neben der auch früher verankerten Trennung wird nunmehr mehr Gewicht auf Autonomie und Zusammenarbeit gelegt. Während die Trennung im Verfassungstext von 1949 ausdrücklich kirchenfeindlich formuliert war, brachte 1989 eine Wende zur Neutralität. Die Trennung nach dem neuen Grundgesetz ist ausgesprochen kirchenfreundlich. Sie dient ausdrücklich der Gewährleistung der kirchlichen Autonomie und der Zusammenarbeit mit dem Staat. Die positiven Elemente sind jedoch nicht neu. Aussagen des Verfassungsgerichts haben in den vergangenen zwei Jahrzehnten den religionsrechtlichen Rahmen auch verfassungsrechtlich untermauert. Die kirchliche Autonomie und die Kooperation zwischen Staat und Kirche sind seit 1990 feste Bestandteile des Systems, neu ist ihre ausdrückliche Erwähnung auf Verfassungsebene. Dem Schutz der kirchlichen Selbständigkeit hat das neue Grundgesetz in Fortführung der bisherigen Rechtslage Nachdruck verliehen.

Während die alte Verfassung seit 1990 für die Annahme und Änderung eines Gesetzes über die Freiheit des Gewissens und der Religion eine Zweidrittelmehrheit der anwesenden Abgeordneten verlangte, erfordert das Grundgesetz diese qualifizierte Mehrheit nur für die Regelung des speziellen organisatorischen Rahmens der Kirchen.

Das neue Gesetz über Religionsfreiheit und Religionsgemeinschaften[13] reflektiert zudem Fragen aus der Rechtspraxis und gestaltet die kirchliche Autonomie näher aus. Aufschlussreich ist die Konkretisierung der Trennung in den konkreten Rechtsverhältnissen. Gemäß § 10 Abs. 3 des genannten Gesetzes dürfen Staatsorgane auf innere Vorschriften gegründete Entscheidungen kirchlicher juristischer Personen weder verändern noch überprüfen, sie haben keine Kompetenz zur Entscheidung innerer Rechtsstreitigkeiten. Diese Bestimmung beseitigt einerseits eine vom Verfassungsgericht beanstandete Rechtsunsicherheit,[14] andererseits verdeutlicht sie, dass innerkirchliche Vorschriften auch in Zukunft nicht vor staatlichen Gerichten angefochten werden können.[15]

Nach der neuen Terminologie sind religiöse Gemeinschaften entweder als Kirchen mit öffentlich-rechtlicher Rechtspersönlichkeit oder als religiöse Vereinigungen mit privatrechtlicher Rechtspersönlichkeit tätig. Religiöse Vereinigungen des Privatrechts genießen eine Autonomie wie anerkannte Kirchen, sind aber in anderer Hinsicht ideellen Vereinen vergleichbar. Während nur anerkannte Kirchen staatliche Zuschüsse erhalten, können auch religiöse Vereinigungen Steuer- und Gebührenbefreiungen in Anspruch nehmen. Die Zusammenarbeit zwischen Staat und Kirchen wie z.B. für den Religionsunterricht an öffentlichen Schulen ist grundsätzlich auf anerkannte Kirchen beschränkt.

Die Grundrechte-Ombudsperson hatte beim Verfassungsgericht Beschwerde gegen die Zuständigkeiten und Verfahrensbestimmungen im Zusammenhang mit der Anerkennung religiöser Gemeinschaften eingelegt. Die Beschwerde war teilweise erfolgreich. Das Verfassungsgericht stellte fest, dass die Einstufung von Religionsgemeinschaften in verschiedene Kategorien zwar nicht grundgesetzwidrig sei, dass aber jeder entsprechenden Gemeinschaft das Recht zukomme, als Religionsgemeinschaft anerkannt zu werden, und dass die Anerkennungsverfahren mit Verfahrensgarantien und Rechtsschutzmechanismen ausgestattet sein müssten.[16] Nach dieser Entscheidung des Verfassungsgerichts machte

13 Gesetz 2011:CCVI.

14 Entscheidung 32/2003. (VI. 4.) AB.

15 Die Einführung einer *appellatio ab abusu* wurde vehement gefordert von *Szathmáry Béla*: Az appellatio ab abusu a magyar jogrendszerben. Magyar Jog 57 (2010), S. 416–422; siehe hierzu auch *Schanda Balázs*: Egyházi önállóság és vallásszabadság. Válasz Szathmáry Béla: Az apellatio ab abusu a magyar jogrendszerben c. cikkére. Magyar Jog 68 (2011), S. 148–151.

16 6/2013. (III. 1.) AB. Hierzu s. den Beitrag von *T. Sulyok* in diesem Band, Punkt V. 5.

die Parlamentsmehrheit von ihrer verfassunggebenden Mehrheit Gebrauch und schrieb die Grundzüge des neuen Religionsrechts ins Grundgesetz. Art. VII. des Grundgesetzes legt in der Fassung der vierten, am 1. April 2013 in Kraft getretenen Grundgesetzänderung fest, dass über die gesetzliche Anerkennung von Kirchen das Parlament mit einem Kardinalgesetz entscheidet. Dagegen ist eine Verfassungsbeschwerde zulässig. An Anerkennungskriterien schrieb Art VII. Abs. 4 Grundgesetz selbst einen dauerhaften Bestand, eine positive Grundeinstellung zur Gesellschaft und die Fähigkeit zur Zusammenarbeit für gemeinschaftliche Ziele vor. Die übrigen Kriterien sind gesetzlich geregelt. Die Novelle 2013 zum Gesetz 2011:CCVI verlangt in diesem Sinn zusätzlich den Nachweis internationaler Tätigkeit über mindestens hundert Jahre in mindestens zwei Staaten oder einer organisierten Präsenz in Ungarn über mindestens zwanzig Jahre sowie eine Mitgliederzahl von wenigstens 0,1 % der Bevölkerung; das sind zur Zeit etwa 10.000 Personen. Nach der Entscheidung des Europäischen Gerichtshofs für Menschenrechte[17] ist eine weitere Änderung des Gesetzes zu erwarten. Voraussichtlich wird die Kompetenz der Anerkennung der Kirchen nicht mehr dem Parlament, sondern einer Behörde unter gerichtlicher Kontrolle zugeordnet.

Trotz grundlegender Änderungen ist das Staat-Kirche-System, das sich in den zwei Jahrzehnten seit der Wende entwickelt und gefestigt hat, weiterhin stabil. Auch die neue Verfassung gewährleistet die weltanschauliche Neutralität des Staates. Religionsfreiheit, Trennung und Kooperation gelten weiterhin als Grundsätze des ungarischen Staatskirchenrechts. Das Gesetz von 1990, das in der Freiheitseuphorie entstand – und als solches zum Symbol wurde –,[18] hat sich als taugliche Garantie der Religionsfreiheit bewährt. Sein Vermächtnis wird auch von dem neuen Gesetz nicht ausgeschlagen. Die neue Regelung bringt kein neues Modell, legt aber neue Akzente auf den Schutz der kirchlichen Autonomie und die Kooperation von Staat und Kirche. Grundlegend ändert sich nur der Erwerb des Rechtsstatus als Kirche bzw. die Art der Rechtspersönlichkeit der religiösen Gemeinschaften. Das System der parlamentarischen Anerkennung, die Verknüpfung der legislativen und exekutiven Rollen wirft zahlreiche theoretische und praktische Fragen auf. Die bisher formell gleichberechtigten Kirchen sind jetzt in zwei Kategorien, nämlich entweder (öffentlich-rechtliche) Kirchen oder

---

17 Magyar Keresztény Mennonita Egyház et al. ./. Ungarn, 8.4.2014, AZ.: 70945/11 u.a.; hierzu *Küpper, Herbert*: Voreilige Unkenrufe oder Demontage des Rechtsstaats? – Das ungarische Verfassungsgericht nach den ersten vier Jahren Fidesz-Herrschaft. Jahrbuch für Ostrecht 56 (2015), S. 85–138 (122–123).

18 *Erdő Péter*: Aktuelle staatskirchenrechtliche Fragen in Ungarn. Österreichisches Archiv für Kirchenrecht 40 (1991), S. 387–397.

(privatrechtliche) religiöse Vereinigungen, eingeteilt. Ihre jeweiligen Mitglieder dürften die Änderung des rechtlichen Rahmens in der Praxis kaum wahrnehmen. Trotzdem scheint es für Viele, dass wohl erworbene Rechte entzogen wurden – in diesen Hinsicht ist es nicht egal, wie eine Rechtslage entstanden ist: Dieselbe Regelung kann an einem Ort als das begrüßte Ergebnis einer Liberalisierung und anderswo als bedrohliche Einschränkung der bestehenden Rechte empfunden werden. Eine umfassende Beurteilung der neuen Rechtslage wird erst nach einer gewissen Periode der Anwendung möglich sein. Im europäischen Vergleich gilt das ungarische Religionsrecht weiterhin als ein offenes, tolerantes System.

V. Christliches Erbe?

Während mit der Heranziehung der ersten Worte der Hymne Gott in einer kreativen Weise Platz eingeräumt wurde, erreicht das in der Präambel erwähnte christliche Erbe den Inhalt des Grundgesetzes in einer eigentümlichen Weise. Der Staatsfeiertag Ungarns ist seit 1991 (wieder) der 20. August, der Feiertag des Staatsgründers, des Heiligen István (Stefan, 997–1038).[19] Der Tag wird durch kirchliche, gesellschaftliche und staatliche Feierlichkeiten geprägt. Im Grundgesetz wird der 20. August nicht mehr nur als Feiertag des Staatsgründers, des Heiligen István bezeichnet, sondern auch als Gedenktag der Staatsgründung. Historisch gesehen handelt es sich um einen Missverständnis: Die „völkerrechtliche Anerkennung" Ungarns als christliches Königreich erfolgte durch die Krönung Istváns am Weihnachtstag im Jahre 1000 durch die Krone, die Papst Sylvester II. gesandt hatte. Der Stephanstag ist nach alter kirchlicher Tradition an den Todestag des Heiligen gebunden. Der Staatsgründer wurde an diesen Tag 1038 beigesetzt und 1083 heiliggesprochen. Durch die Archaisierung, die Bestrebung, historischen Werten eine Rolle zuzuweisen, wurde ein Irrtum in Verfassungsrang erhoben. Dieses Beispiel zeigt, dass das Erbe die heutige Generation in einer deformierten Weise erreicht.

VI. Christlicher Inhalt?

Trotz aller Behauptungen, was sensitive Inhalte angeht, hat das Grundgesetz keine Neuerungen gewagt: Begrüßte oder umstrittene Sätze zum Lebensschutz oder zur Ehe wurden von der Rechtsprechung des Verfassungsgerichts in den 1990er Jahren geprägt. Das Grundgesetz legt die staatliche Schutzplicht der Leibesfrucht fest, dehnt aber damit die Anerkennung des ungeborenen Lebens nicht aus – aus

19 § 1 Buchst. b) Gesetz 1991:VIII.

schwer verständlichen Gründen in breiten Kreisen der ausländischen Öffentlichkeit wurde über die Einführung eines Abtreibungsverbots in Ungarn berichtet.[20] Entgegen diesem Missverständnis handelt es sich bloß um die Rezeption des Abtreibungsurteils des Verfassungsgerichts aus dem Jahre 1991[21] und nicht um die Änderung der Rechtlage. Es ist anzumerken, dass die Verfassungskonzeption, die der Vorbereitungsausschuss im Dezember 2010 vorlegte, noch von dem Schutz des menschlichen Lebens von der Empfängnis ab sprach, während der angenommene Text nicht vom menschlichen Leben, sondern von der Leibesfrucht spricht. Der Leibesfrucht wird dadurch nicht als Mensch anerkannt, dem ein Recht auf Leben zustehen würde, sondern es wird nur die staatliche Schutzplicht vorgeschrieben.

Auch die Festlegung der Ehe als Bund von Mann und Frau bedeutet keine konservative Wende: Diese Auffassung von Ehe stellte das Verfassungsgericht bereits 1995 fest.[22] Der Inhalt des Grundgesetzes ist in diesen Bezügen nicht konservativer geworden als die frühere Verfassungslage,[23] es handelt sich eher um die Konsolidierung der Verfassungslage.

Es könnte auch argumentiert werden, dass es sich eigentlich um Kompromisslösungen handelt, die aber unter den heutigen politischen Bedingungen nicht wahrgenommen werden können.[24] Die neuen Formulierungen bedeuten keine Annäherung an kirchlichen Lehren oder an die Lehre einer bestimmten Kirche. Keinesfalls kann behauptet werden, dass das von der katholischen Soziallehre betonte Subsidiaritätsprinzip auf irgendeine Weise vom Verfassungsgeber verinnerlicht worden wäre.

VII. Zusammenfassung

Tradition und kulturelle Identität haben im Grundgesetz einen deutlich höheren Stellenwert erhalten, als sie in der alten Verfassung hatten. Doch unter der verfassungsrechtlichen Bindung Ungarns zum Christentum ist dessen kulturelle

---

20 Generell zur inhaltlich falschen Berichterstattung über das ungarische Grundgesetz s. den Beitrag von *H. Küpper* in diesem Band.

21 Entscheidung 64/1991. (XII. 17.) AB.

22 Entscheidung 14/1995. (III. 13.) AB.

23 Anderer Ansicht der Beitrag von *H. Küpper* in diesem Band, Punkt II. 6. a) bb).

24 *Pócza Kálmán*: Kontroverse Verfassunggebung mit Kompromisslösung? Text und Kontext des ungarischen Grundgesetzes, in *Bos, Ellen / Pócza, Kálmán* (Hrsg.): Verfassunggebung in konsolidierten Demokratien. Neubeginn oder Verfall eines politischen Systems? Baden-Baden: Nomos, 2014, S. 211–230.

und nicht die religiöse Bedeutung gemeint. Sie wird als Erbe und nicht als Vorschrift erwähnt. Die weltanschauliche Neutralität des Staates, dessen Grundlage die Religionsfreiheit und die Gleichberechtigung aller Bürger ist, wurde durch das Grundgesetz nicht gelockert.

Das Prinzip der weltanschaulichen Neutralität wurde 1993 aus dem Grundrechtekatalog abgeleitet und kann auch weiterhin aus dem Grundrechtekatalog des Grundgesetzes abgeleitet werden. Es ist dabei anzumerken, dass es unter der alten Verfassung an einer positiv-rechtlichen Verankerung der Neutralität fehlte, während in den vergangenen Jahren zwei einschlägigen Gesetze das Prinzip normativ verankert haben: die Präambel des neuen Gesetzes über Religionsfreiheit und Religionsgemeinschaften[25] und das neue Unterrichtsgesetz.[26]

25 Gesetz 2011:CCVI.

26 § 74 Abs. 3 Gesetz 2011:CXC.

Sonja Priebus, M.A.

Otto-von-Guericke-Universität Magdeburg

Das ungarische Wahlsystem im Zentrum eines strategischen Institutionendesigns[1]

Abstract: Between 2011 and 2013, the Fidesz government re-wrote the Hungarian law on parliamentary elections. The new law enabled Fidesz to obtain a two third majority in the House with only 44,9 % of the votes cast. This essay gives an overview over the theoretical framework of electoral systems and their modification. After that, it analyses the factors of the new Hungarian law that favour the majority and examines the strategic interests behind the present institutional design.

Inhalt

---

1 Der Begriff eines strategischen Institutionendesigns ist die Abwandlung des Arguments einer strategischen Institutionenpolitik. Hierzu s. *Priebus, Sonja/Lorenz, Astrid*: Strategische Institutionenpolitik. Inhalte, Effekte und Risiken der Parlamentsreform in Ungarn seit 2010, in: Zeitschrift für Parlamentsfragen, 46. Jg. 2/2015, S. 292–309. Die Idee eines „strategischen Institutionendesigns" im Zusammenhang mit postsozialistischen Wahlsystemen ist jedoch nicht neu. Siehe dazu *Harfst, Philipp* (2007): Wahlsystemwandel in Mittelosteuropa. Strategisches Design einer politischen Institution. Wiesbaden.

I. Einleitung

Die ungarischen Parlamentswahlen von 2014 fanden unter stark veränderten institutionellen Rahmenbedingungen statt. Neben dem neuen ungarischen Grundgesetz,[2] welches das Wahlrecht nicht mehr zwingend an einen ungarischen Wohnsitz band, waren es insbesondere drei, von der Regierungskoalition aus *Fidesz* und *Christlich-Demokratischer Volkspartei* (KDNP) initiierte Gesetze, die den Rahmen der Wahl absteckten:

- das neue Wahlgesetz,[3] verabschiedet im Dezember 2011, welches die grundlegenden Parameter des Wahlsystems festlegte;
- das Wahlverfahrensgesetz,[4] verabschiedet im April 2013, welches die Detailregelungen enthält; sowie
- das Gesetz über die Herstellung der Transparenz der Wahlkampffinanzierung,[5] verabschiedet im Juni 2013.

Der vorliegende Beitrag betrachtet die Reform des ungarischen Wahlsystems von 2010/11 und konzentriert sich aufgrund der Komplexität des Themas auf zwei Aspekte. Erstens steht die Genese, d.h. der Entstehungsprozess des neuen Wahlgesetzes im Fokus, während die zwei genannten Ausführungsgesetze nur punktuell erwähnt werden. Zweitens sollen zwar einige Effekte des neuen Wahlsystems mit Blick auf die Wahlergebnisse von 2014 analysiert werden, jedoch nur selektiv mit Blick auf die für die Analyse relevanten Aspekte. Der Beitrag argumentiert dabei, dass die Regierungskoalition im Prozess der Reform nicht konsistent auf die Umsetzung eines bestimmten Wahlsystemmodells festgelegt war.[6] Vielmehr

---

2 In Kraft ab dem 1.1.2012.

3 2011. évi CCCIII. törvény az országgyűlési képviselők választásáról, in: Magyar Közlöny 165/2011, S. 41095–41185.

4 2013. évi XXXVI. törvény a választási eljárásról, in: Magyar Közlöny 66/2013, S. 49703–49767.

5 2013. évi LXXXVII. törvény az országgyűlési képviselők választása kampányköltségeinek átláthatóvá tételéről, in: Magyar Közlöny 101/2013, S. 55219–55225.

6 *Priebus/Lorenz* 2015.

ist das letztendlich geschaffene Wahlsystem das Produkt permanenter strategischer Kalkulationen von Akteuren, die sich aufgrund einer sich verändernden politischen Wettbewerbsstruktur mit variierenden Graden an Unsicherheit konfrontiert sahen. Die Reform des ungarischen Wahlsystems passt in die Logik eines strategischen Institutionendesigns, weil in erster Linie nicht ein bestimmtes institutionelles Modell, sondern ein konkretes strategisches Ziel maßgeblich war.

Nach einer knappen Einführung zur Bedeutung von Wahlsystemen und der Gründe für Wahlsystemwandel bzw. Wahlsystemreform wird kurz auf das im Kontext des Übergangs zur Demokratie geschaffene Wahlsystem von 1989 eingegangen. Anschließend wird die öffentliche Argumentation der regierenden Mehrheit für eine Reform des Wahlsystems 2010/11 dargelegt, gefolgt von dem Prozess der Reform selbst. Hierbei steht der offenkundige Präferenzwandel der Regierungskoalition im Fokus. Nach der Darstellung der Parameter des neuen Wahlsystems soll am Ende eine kurze Analyse des Wahlsystems hinsichtlich seiner Effekte auf die Parlamentswahlen im Frühling 2014 erfolgen.

II. Zur strategischen Bedeutung von Wahlsystemen

Institutionen sind politisch immer brisant, da sie durch die Verteilung von Ressourcen über die Macht von Akteuren bzw. Akteursgruppen bestimmen und so Verlierer und Gewinner etablieren.[7] Eine „besondere Form politischer Institutionen“[8] stellt das Wahlsystem dar. Dessen herausragende Stellung im politischen System ergibt sich schlichtweg daraus, dass es den Modus bestimmt, wonach die Wähler ihre Präferenzen in Stimmen ausdrücken und diese dann in konkrete Mandate transformiert werden.[9] Durch die spezifische Ausgestaltung eines Wahlsystems werden einige Gruppen begünstigt, andere benachteiligt und so die Verteilungsstrukturen öffentlicher Macht festgelegt.[10] Da Wahlsysteme somit machtpolitisch nicht neutral sind, können sie jederzeit Gegenstand von Konflikten

---

7 *March, James G./Olsen, Johan P.*: The New Institutionalism: Organizational Factors in Political Life, in: The American Political Science Review, 78. Jg., 3/1984, S. 734–749, hier S. 739; *Tsebelis, George* (1990): Nested games. Rational choice in comparative politics. Berkley, Kap. 4; *Moe, Terry M.*: Power and political institutions, in: Perspectives on Politics, 3. Jg., 2/2005, S. 215–233.

8 *Harfst* 2007, S. 48.

9 *Nohlen, Dieter* (2004): Wahlrecht und Parteiensystem, 4. Aufl. Opladen, S. 53.

10 *Harfst, Philipp*: Wahlsysteme: institutionelle Entwicklung und politische Auswirkungen, in: *Grotz, Florian/Müller-Rommel, Ferdinand* (Hrsg.) (2011): Regierungssysteme in Mittel- und Osteuropa. Die neuen Staaten im Vergleich. Wiesbaden, S. 107–126, hier S. 107.

und Reformdebatten werden. Laut dem Parteienforscher *Giovanni Sartori* sind sie „the most manipulative instrument of politics",[11] eben weil sie durch ihre Auswirkung auf die Machtverteilung zur Zielscheibe eines „institutional" oder „political engineering", d.h. eines bewussten Institutionendesigns durch Akteure werden können, die sich dabei an eigenen Präferenzen und damit verbundenen bestimmten Erwartungen orientieren, welche sie wiederum aus konkreten strategischen Zielen ableiten. Nach *Dieter Nohlen* sind Wahlsystemfragen damit immer auch Machtfragen, da soziale Gruppen das Wahlsystem danach bewerten, ob sie dadurch begünstigt oder benachteiligt werden.[12] Daraus folgert er zu Recht, „[...] die Entscheidung der Wahlsystemfrage [sei] eine eminent politische Frage"[13].

III. Wann werden Wahlsysteme reformiert?

Die Erkenntnis, dass Wahlsystemfragen immer auch Machtfragen sind, leitet zu der Frage über, unter welchen Umständen Akteure sich dafür entscheiden, Wahlsysteme zu reformieren.

Das Bild von Wahlsystemen wurde lange von der Vorstellung einer institutionellen Stabilität beherrscht. Gerade in jungen Demokratien wurde die relative Stabilität von Wahlsystemen als Gradmesser für die Konsolidierung des Systems angesehen.[14] Werden die Regeln nicht oder nur marginal verändert, zeige dies nämlich an, dass die Akteure diese unabhängig von ihrer jeweiligen Machtposition als legitim anerkennen. Erweisen sich die im Zuge des Systemwechsels getroffenen institutionellen Entscheidungen hinsichtlich des Regierungs- und Wahlsystems als erfolgreich, seien spätere drastische Veränderungen unwahrscheinlich.[15] Allerdings fanden Wahlsystemreformen in den jungen Demokratien Mittel- und Osteuropas überdurchschnittlich häufig statt, wobei Ungarn mit lediglich einer Reform im Jahr 1993 einen Ausreißer darstellt.[16]

---

11 *Sartori, Giovanni* (1994): Comparative Constitutional Engineering: An Inquiry into Structures, Incentives, and Outcomes. New York, S. ix.

12 *Nohlen* 2004, S. 60.

13 Ebd., S. 420.

14 So z.B. *Elster, Jon/Offe, Claus/Preuss, Ulrich* (1998): Institutional design in post-communist societies. Rebuilding the ship at sea. New York, S. 130.

15 *Lijphart, Arend*: Democratization and Constitutional Choices in Czecho-Slovakia, Hungary and Poland 1989–91, in: Journal of Theoretical Politics, 4. Jg., 2/1992, S. 207–223.

16 *Fábián, György*: Az országgyűlési választási rendszer 1988–2008, in: *Péter, Sándor/Stumpf, Anna/Vass, László* (Hrsg.) (2009): Magyarország Politkai Évhuszadkönyve, Budapest. DVD, o. S. Siehe dazu auch *Grotz, Florian*: Die Entwicklung kompetitiver Wahlsysteme in Mittel- und Osteuropa: Postsozialistische Entstehungsbedingungen

Grundlegend können zwei Erklärungsansätze für Reformen von Wahlsystemen genannt werden. Einerseits können funktionale Aspekte Reformforderungen begründen. In diesem Fall werden Änderungen notwendig, weil das bestehende System unerwünschte Effekte produziert, so etwa ein übermäßig fragmentiertes Parlament oder zu starke Disproportionalitätseffekte. Demgegenüber stehen andererseits Eigeninteressen der Parteien als Anreiz: Einzelne Akteursgruppen streben Reformen an, weil sie die eigene Machtposition stärken wollen.[17]

Gerade der zweite Erklärungsansatz scheint für Reformen von Wahlsystemen gewichtiger und geht mit den Erwartungen der akteurszentrierten neoinstitutionalistischen Ansätze der Politikwissenschaft über Institutionenreform konform. Diese Ansätze sehen Kosten-Nutzen-Kalkulationen gewinnmaximierender Akteure als Motor für Reformen bzw. Wandel von Institutionen. Akteure streben nach einer Veränderung des etablierten Arrangements, wenn die Wahrscheinlichkeit, dass diese Änderungen unintendierte Nebeneffekte haben, gering ist und die Kosten des Wandels die Kosten der Beibehaltung des Status quo übersteigen.[18] Da Wahlsysteme durch ihren redistributiven Charakter über die Machtverteilung entscheiden, kann angenommen werden, dass oft Eigeninteressen der Parteien in Kombination mit bestimmten Erwartungen ausschlaggebender sind als funktionale Überlegungen, selbst wenn die Eigeninteressen meist mit Argumenten der Funktionalität oder des Gemeinwohls verschleiert werden.[19] Eine rationalistische Annahme ist demnach, dass Akteure sich für eine Reform des Wahlsystems entscheiden, wenn sie mit dem Status quo, d.h. der aktuellen Ausgestaltung unzufrieden sind und/oder sich von Änderungen substantielle Vorteile erhoffen und sie zudem über die notwendigen Ressourcen verfügen.

Eine zweite die Arbeit leitende Annahme ist, dass Akteure sich bei diesen Reformen nicht zwangsweise an den zwei grundlegenden Typen der Mehrheits- und Verhältniswahl als solchen orientieren, d.h. ihr primäres Ziel nicht die Umsetzung eines bestimmten Grundmodells von Wahlsystem per se ist. Vielmehr orientieren sie sich an bestimmten erwünschten Effekten. Sie können daher auch diejenigen

---

und fallspezifische Reformkontexte, in: Österreichische Zeitschrift für Politikwissenschaft, 34. Jg., 1/2005, S. 27–42; *Harfst* 2007.

17 *Harfst* 2011, S. 114 f.

18 *Colomer, Josep M.*: Introduction: Disequilibrium institutions and pluralist democracy, in: Journal of Theoretical Politics, 13. Jg., 3/2001, S. 235–247, hier S. 238.

19 *Elster, Jon*: Forces and mechanisms in the constitution-making process, in: Duke Law Journal, 45. Jg., 2/1995, S. 364–396, S. 379.

Elemente beider Typen wählen, die ihren strategischen Zielen am besten dienen, und diese kreativ miteinander kombinieren.[20]

IV. Das ungarische Wahlsystem von 1989 als Transformationskompromiss

Aufgrund der zentralen Bedeutung für die zukünftige Machtverteilung im ersten frei gewählten Parlament war die Ausgestaltung des Wahlsystems auch in Ungarn zu Beginn des politischen Transformationsprozesses 1989 eine entscheidende Frage. Die Ausgestaltung des neuen Systems wurde hier am Runden Tisch von den Repräsentanten des alten Regimes und den Vertretern der Opposition ausgehandelt. Zwar verfügten alle Gruppen über bestimmte Idealmodelle, jedoch war es am Ende die Machtkonstellation der Akteure (d.h. die Machtrelation zwischen Regimevertretern und Opposition), die über die konkrete Ausgestaltung der Wahlregeln entschied. Nach *Nohlen* und *Kasapović* bestand in den Ländern Mittel- und Osteuropas ein enger Zusammenhang zwischen der Art des Systemwechsels und der Entscheidung für ein bestimmtes Wahlsystem.[21] In Ungarn vollzog sich der Wechsel als „transplacement", d.h. das Machtverhältnis zwischen altem Regime und Opposition war relativ ausgeglichen und der Systemwechsel wurde ausgehandelt.[22] Da keine Seite über die notwendigen Ressourcen verfügte, um sich durchzusetzen, wurde das Wahlsystem ein Kompromiss zwischen den alten Eliten, die das Mehrheitswahlsystem favorisierten, und der Opposition, die mehrheitlich die Verhältniswahl bevorzugte.[23] So entstand ein kompensatorisches Wahlsystem, welches die Mehrheitswahleffekte in Einerwahlkreisen mit Verhältniswahlelementen ausglich.[24] Da es als Übergangssystem gedacht war, waren die Designer bestrebt, die Träger des alten Systems keinesfalls in eine ausgelieferte

---

20 Für *Tsebelis* besteht strategisches Handeln darin, dass der Akteur gegen seine eigentlichen Präferenzen entscheidet, um ein erstrebenswerteres Ergebnis zu erreichen (*Tsebelis* 1990, S. 3). *Raschke* und *Tils* sehen strategisches Handeln als „zeitlich, sachlich und sozial übergreifend ausgerichtet und an strategischen Kalkulationen orientiert" an. Strategische Ziele definieren sie als „Zustände, die Akteure anstreben und mit Hilfe strategischer Operation zu erreichen suchen." *Raschke, Joachim/Tils, Ralf* (2013): Politische Strategie. Eine Grundlegung, 2. Auflage. Wiesbaden, S. 127 und 129.

21 *Nohlen, Dieter/Kasapovic, Mirjana* (1996): Wahlsysteme und Systemwechsel in Osteuropa. Opladen, S. 42.

22 Ebd., S. 113.

23 Ebd., S. 125.

24 *Nohlen* 2004, S. 357.

Position zu befördern, gleichzeitig aber den sich neu formierenden Parteien eine Chance auf Repräsentation zu bieten.[25] Das Wahlgesetz[26] sah 386 zu vergebende Sitze im unikameralen Parlament vor, wobei der Wähler über zwei Stimmen verfügte: einmal für den Direktkandidaten und einmal für die Parteiliste.

Das Mehrheitswahlelement war durch die Vergabe von 176 Direktmandaten in Einerwahlkreisen gegeben. Um ein Direktmandat zu erlangen, musste im ersten Wahlgang ein absolute Mehrheit (50+1) bei einem Präsenzquorum von mindestens 50% der Wahlberechtigten erreicht werden. Wurden diese Quoren verfehlt, reichte im zweiten Wahlgang (in dem alle Kandidaten, die mindestens 15% der Stimmen erlangt hatten, oder die drei stimmenstärksten Kandidaten antraten) eine relative Mehrheit bei einem Präsenzquorum von 25% aus. Um sich überhaupt als Kandidat im Wahlkreis qualifizieren zu können, brauchten diese im Vorfeld 750 Unterstützungsunterschriften (sog. *kopogtató cédula*).

Das Verhältniswahlelement wurde aus zwei Kanälen der Mandatsvergabe gespeist. 152 Sitze wurden in 20 regionalen Mehrpersonenwahlkreisen über regionale Parteilisten vergeben. Regionallisten konnten die Parteien aufstellen, die in mindestens einem Viertel der Wahlkreise einer Region Kandidaten aufstellen konnten; in Regionen mit weniger als acht Wahlkreisen reichten zwei Direktkandidaten. Weitere 58 Sitze wurden über landesweite Parteilisten durch nicht verwertete Erst- und Zweitstimmen vergeben.

Dieses Wahlsystem hatte den großen Vorteil, dass es einer übermäßigen Fragmentierung des Parlaments vorbeugte und damit immer für stabile Regierungsmehrheiten sorgte; nachteilig wirkte sich zunächst jedoch der hohe Disproportionalitätseffekt aus: Die stärksten Parteien wurden begünstigt, und es entstanden gelegentlich „manufactured majorities" zulasten einer verzerrten Repräsentation der kleineren Parteien. Allerdings nahm dieser Verzerrungseffekt im Laufe der Zeit sichtlich ab.[27]

---

25 *Szoboszlai, György*: Pártrendszer és választások a rendszerváltás után, in: *Kurtán, Sándor/Sándor, Péter/Vass, László* (Hrsg.) (1998): Magyarország évtizedkönyve. A rendszerváltás (1988–1998). Budapest. DVD, o. S.

26 1989. évi XXXIV. törvény az országgyűlési képviselők választásáról.

27 *Körösényi, András/Tóth, Csaba/Török, Gábor* (2003): A magyar politikai rendszer. Budapest, S. 260 f.; *Fábián* 2009, o. S.

V. Die Wahlrechtsreform von 2010/11: Begründung und Prozess[28]

Durch den Rückgang des anfänglich kritisierten Verzerrungseffekts blieb der einzig wiederkehrende und zugleich parteiübergreifende Kritikpunkt im Zusammenhang mit dem Wahlsystem die übermäßige Größe des Parlaments; dessen Verkleinerung bildete auch das Kernanliegen verschiedener Reformvorhaben.[29] Noch 2009 schrieb der Politikwissenschaftler *György Fábián*, dass seit 2006 im Parteiensystem Entwicklungen eingetreten seien, die eine Reform nach 2010 notwendig machen könnten. Da jedoch die Reduzierung der Parlamentarier nicht der Hauptgrund für die Notwendigkeit einer Reform sei, sei eine Änderung des Wahlsystems mit diesem Argument schwer vorstellbar; ein kleineres Parlament könne höchstens Folge der Reform, nicht aber deren Ausgangspunkt sein.[30]

Ausgangspunkt der Reform von 2010/11 war dann aber gerade eine im Mai 2010 angenommene Verfassungsänderung,[31] welche neben der Einführung von 13 parlamentarischen Nationalitätenvertretern eine Verkleinerung des Parlaments von 386 auf 200 Abgeordnete vorsah. Die Begründung der Wahlsystemreform war damit die notwendige Anpassung des Systems an die veränderten verfassungsrechtlichen Bedingungen, die sich aus einem kleineren Parlament und Minderheitenvertretern ergeben.[32]

Mit diesem Ziel wurde auf Initiative der Regierungsparteien durch Beschluss H/19 vom Mai 2010 ein parlamentarischer Unterausschuss des Ausschusses für Verfassungs-, Justiz- und Verfahrensfragen mit der Aufgabe eingerichtet, bis Ende Juni 2011 einen Entwurf für ein neues Wahlsystem auszuarbeiten. Im Unterausschuss verfügten die Oppositionsparteien – *Ungarische Sozialistische Partei* (MSZP), die Partei *Politik Kann Anders Sein* (LMP) und *Jobbik* – zusammen über gleich viele Sitze wie die Regierungsparteien.[33] Dem Unterausschuss wurden außer

28 Zu der Darstellung dieses Prozesses und seines Ergebnisses in ausländischen Medien s. den Beitrag von *H. Küpper* in diesem Band, Punkt II. 4. b).

29 *Fábián* 2009. Für eine umfassende Übersicht der Reformvorhaben s. http://www.valasztasirendszer.hu/?page_id=19, Zugriff am 25.9.2015.

30 *Fábián* 2009, o.S.

31 Az Alkotmány 2010. május 25-i módosítása, in: Magyar Közlöny Nr. 85/2010, S. 19722.

32 H/19 Az országgyűlési képviselők számának csökkentéséhez szükséges választójogi reform előkészítéséről, 17.5.2010. Zugriff: http://www.parlament.hu/irom39/00019/00019.pdf (30.9.2015).

33 Da die Oppositionsparteien aus verschiedenen ideologischen Lagern kamen und die Einigungsbereitschaft untereinander wenig ausgeprägt war, bedeutete dies faktisch, dass die Regierungsmehrheit ihre Interessen auch einseitig durchsetzen konnte.

der Verkleinerung der Legislative und den Minderheitenrepräsentanten keine weiteren institutionellen Vorgaben seitens des Parlaments oder der Regierung gemacht, und die Vertreter waren lediglich an etwaige Vorgaben ihrer eigenen Fraktionen gebunden.[34] Als das Gremium seine Arbeit aufnahm, lagen bereits zwei Entwürfe auf dem Tisch: ein gemeinsamer Entwurf der Regierungsparteien (T/18) und einer der Sozialdemokraten (T/20).[35] Die Oppositionsparteien LMP und Jobbik reichten zunächst keine gesonderten Entwürfe ein, legten jedoch in den Ausschusssitzungen ihre Präferenzen dar.[36] Es wurde ersichtlich, dass Fidesz-KDNP, Jobbik und LMP für die Beibehaltung eines gemischten Systems (d.h. einer Kombination aus Verhältnis- und Mehrheitswahl) eintraten, während MSZP sich für eine reine Verhältniswahl aussprach, sich allerdings auch nicht gegen ein gemischtes System sperrte, sofern dieses proportionaler als der Status quo sei. Während die Koalitionspartner und die kleineren Oppositionsparteien so eine pfadabhängige Reform avisierten, waren einzig die Sozialisten gewillt, den Wahlsystemtypus zu wechseln und vom Pfad abzukehren. Kleinster gemeinsamer Nenner aller war zu diesem Zeitpunkt die Bestrebung, ein möglichst proportionaleres System zu schaffen; dieses Ziel wurde in den Diskussionen mehrfach wiederholt.

Da Fidesz-KDNP von dem Status quo profitiert hatten,[37] konnten sie objektiv betrachtet kein Interesse haben, das System gravierend zu ändern. Wenig überraschend ist daher, dass ihr Modell am stärksten dem Status quo folgte und ihr eingereichter Entwurf die Eckpfeiler des alten Systems mit leichten Veränderungen beibehielt. Der Vorschlag beinhaltete ein kombiniertes System mit Mehrheitswahl in Einerwahlkreisen und Verhältniswahlelementen. Die Mandatsvergabe sollte weiterhin über drei Kanäle erfolgen (90 in Einerwahlkreisen, 78 über landesweite Listen und 30 Kompensationsmandate). Auch die zwei Wahlgänge mit identischen Präsenzquoren sowie die 750 Unterstützungszettel sollten bleiben. Die Ausübung des Wahlrechts war weiterhin an einen inländischen Wohnsitz

Generell zu Ausschüssen und den Formen der parlamentarischen Arbeit s. den Beitrag von *Z. Szabó* in diesem Band.

34 Schriftliches Interview der Autorin mit *László Salamon*, 18.9.2015.

35 T/18 Az országgyűlési képviselők választásáról, 17.05.2010, Zugriff: http://www.parlament.hu/irom39/00018/00018.pdf; T/20 Az országgyűlési képviselők választásáról, 17.5.2010, Zugriff: http://www.parlament.hu/irom39/00020/00020.pdf (30.9.2015).

36 LMP reichte im August 2011 seinen eigenen Entwurf ein: T/3855 Az országgyűlési képviselők választásáról, 8.8.2015, Zugriff: http://www.parlament.hu/irom39/03855/03855.pdf (30.9.2015).

37 Mit knapp 53% der Listenstimmen errangen sie über 68% der Sitze bei den Parlamentswahlen 2010.

gebunden, d.h. es war kein Wahlrecht für Auslandsungarn vorgesehen. Die Unterschiede waren demgegenüber marginal: Erstens sollten die regionalen Listen abgeschafft werden, da diese bei einer auf fast die Hälfte reduzierten Mandatszahl nicht mehr durchführbar seien.[38] Zweitens sollte im ersten Wahlgang bereits eine relative Mehrheit ausreichen, d.h. das Abstimmungsquorum sollte herabgesetzt werden. Insgesamt betrachtet schien der Entwurf sich tatsächlich am eigentlichen Ziel, das Wahlsystem an ein verkleinertes Parlament anzupassen, zu orientieren. In den Verhandlungen signalisierte die Regierungsmehrheit Verhandlungsbereitschaft und betonte immer wieder, der Entwurf sei lediglich eine mögliche Basis für Verhandlungen. Zu ihrem Leitsatz wurde die oft wiederholte Phrase, dass nichts in Stein gemeißelt sei.

Zwischen Oktober 2010 und Mai 2011 trat das Gremium nicht zusammen. Genau in dieser Zeitspanne änderte sich jedoch die Haltung der größeren Regierungspartei Fidesz gegenüber dem eigenen Entwurf sowie gegenüber den bis dahin bereits im Unterausschuss diskutierten und gesetzten Punkten. Während der vom kleinen Koalitionspartner KDNP gestellte Unterausschussvorsitzende *László Salamon* die Präferenzen seiner Partei weiterhin vertrat,[39] hielt sich Fidesz über seine Präferenzen zunehmend bedeckt. Dazu kamen bereits im Mai 2010 Gerüchte auf, wonach der damalige Abgeordnete im Europäischen Parlament *János Áder*[40] mit der Ausarbeitung eines neuen Wahlsystems beauftragt worden sei. Dies ließ unter den oppositionellen Ausschussmitgliedern Parallelen mit dem Schicksal des ebenfalls von *Salamon* geleiteten Ausschusses zu Ausarbeitung der Grundprinzipien einer Verfassung aufleben, schließlich sei damals ebenso plötzlich ein EP-Abgeordneter mit der Kodifizierung der Verfassung beauftragt worden.[41] Damit entstand im Gremium Unsicherheit: Einerseits hatten sie den Auftrag, ein neues Wahlsystem zu erarbeiten und dabei alle Möglichkeiten auszuloten; andererseits schien die Unkenntnis über die Präferenzen und Intentionen der größten Regierungspartei weitere Verhandlungen obsolet zu machen und schürte Skepsis unter den Oppositionsvertretern. Anfang Juli 2011 stelle *János Áder* schließlich im Auftrag des Ministerpräsidenten der Presse die Eckpunkte

---

38 Siehe Begründung des Gesetzentwurfes T/18, o. S.

39 So sprach er sich deutlich für die Beibehaltung zweier Wahlgänge mit Teilnahmequoren aus: Drs. AIÜB-V-2/2011 Plenarprotokoll des Unterausschusses vom 7.6.2011, S. 12.

40 *Áder* spielte bereits bei der Aushandlung des Wahlsystems von 1989 eine entscheidende Rolle.

41 Drs. AIÜB-V-1/2011 Plenarprotokoll des Unterausschusses vom 10.5.2011, Wortmeldung von *Mónika Lamperth* (MSZP), S. 6 f.

eines möglichen Wahlsystems für seine Partei vor.[42] Diese stellten zu dem Zeitpunkt jedoch lediglich Expertenvorschläge dar, die von der Fidesz-Parteispitze noch nicht abgesegnet worden waren.[43] Da sich die Vorschläge jedoch grundlegend von dem bisher vertretenen Modell unterschieden (gemischtes System ohne Kompensationsliste, ein Wahlgang mit relativer Mehrheit, die Erhöhung der Unterstützungszettel auf 1.500), stieß dies im Unterausschuss auf harsche Kritik.[44]

Mittlerweile hatten sich mit der Verabschiedung des neuen Grundgesetzes im März 2011 zudem auch die verfassungsrechtlichen Rahmenbedingungen geändert: Erstens wurde die Bestimmung, wonach das Parlament maximal 200 Abgeordnete haben dürfe, nicht in die neue Verfassung übernommen. Zweitens fiel auch der ungarische Wohnsitz als Voraussetzung für die Gewährleistung des Wahlrechts weg und bot damit die verfassungsrechtliche Grundlage für die Einführung eines Wahlrechts für Auslandsungarn.

Das von *Áder* skizzierte Modell wurde schließlich bestätigt, als der Fidesz-Fraktionsvorsitzende *János Lázár* im Herbst 2011 die Parameter des neuen Wahlsystems im Ausschuss ausführte.[45] Als Grundpfeiler, die nicht mehr zur Debatte stünden, nannte er – trotz des Wegfalls der verfassungsmäßig vorgegebenen Zahl von 200 – ein auf 200 Abgeordnete verkleinertes Parlament und das gemischte System. Zudem erwähnte er auch die Möglichkeit eines Wahlrechts für Auslandsungarn sowie eine Form der zusätzlichen Wählerregistrierung[46].

In der Sitzung des Unterausschusses eine Woche später wurde formal über alle vier grundsätzlichen, bis dahin von den Parteien skizzierten Modelle abgestimmt (Gegenüberstellung der Modelle in Tabelle 2), wobei der ursprüngliche Vorschlag der Regierungsparteien nicht mehr zur Wahl stand. Erwartungsgemäß bekam keines der Modelle eine Mehrheit, und es entstand eine Pattsituation, weshalb der Vorsitzende *Salamon* erklärte, der Unterausschuss würde erst wieder einberufen werden, wenn ein fünfter Vorschlag vorliege, der Chancen auf Annahme

42 Egyfordulós és vegyes választási rendszer lehet, 9.7.2011, abrufbar unter: http://www.fidesz.hu/hirek/2011-07-09/egyfordulos-es-vegyes-valasztasi-rendszer-lehet/ (9.7.2015).

43 Schriftliches Interview der Autorin mit *László Salamon*, 18.9.2015.

44 Drs. AIÜB-V-3/2011 Plenarprotokoll des Unterausschusses vom 11.7.2011, Wortmeldungen von *András Schiffer* (LMP) und *Mónika Lamperth* (MSZP).

45 Drs. AIÜB-39/2011 Plenarprotokoll des Ausschusses für Verfassungs-, Justiz- und Verfahrensfragen vom 10.10.2011.

46 Zur Registrierung als Voraussetzung für die Ausübung des aktiven Wahlrechts s. den Beitrag von *H. Küpper* in diesem Band, Punkt II. 4. b).

habe.[47] Dabei war dem Vorsitzenden aufgrund der Zeitknappheit[48] klar, dass bis zur vorgegebenen Frist am 31.12.2011 eine Einigung der Parteien bzw. ein Konsensentwurf im Rahmen des Unterausschusses nicht mehr zustande kommen würde.[49] Das Gremium hatte damit seine Arbeit faktisch beendet. *Lázár* reichte am 20.11.2011 seine Vorstellungen als parlamentarische Einzelinitiative ein, der sich weitere Fidesz-Abgeordnete anschlossen.[50] Auffallend ist, dass während der erste Entwurf T/18 auch von KDNP-Abgeordneten unterstützt worden war, dies bei dem neuen Entwurf nicht der Fall war. Dies könnte als Ausdruck des Protests des kleineren Koalitionspartners KDNP gegenüber Fidesz bei gleichzeitiger öffentlicher Wahrung der Koalitionseinheit interpretiert werden. Nach Aussagen des Unterausschussvorsitzenden *Salamon* lag dahinter jedoch keine besondere Intention, zumal seine Partei den Entwurf sowohl während der Debatte als auch in der Schlussabstimmung unterstützte.[51]

Der Entwurf löste aus zwei Hauptgründen harsche Kritik bei der Opposition aus. Erstens bezüglich seines Verfahrens, d.h. wie mit der Arbeit des Unterausschusses verfahren wurde, und dass letztendlich der Entwurf wie der „Hase aus dem Zylinder gezaubert" worden sei.[52] Zweitens bezüglich des Inhalts, schließlich entsprach dieser nicht dem, worauf man sich im Gremium weit gehend verständigt hatte.[53] Nach knapper Diskussion des Entwurfes in drei Sitzungen des Ausschusses für Verfassungs-, Justiz- und Verfahrensfragen wurde der Entwurf am

47 Drs. AIÜB-V-6/2011 Plenarprotokoll des Unterausschusses vom 17.10.2011, S. 9–12.

48 Das Wahlgesetz musste bis zum 31.12.2011 verabschiedet werden, da das Verfassungsgericht im Sommer 2010 die seinerzeit gültige Wahlkreiseinteilung, die in einem Ministerratsbeschluss aus dem Jahr 1990 geregelt war, für verfassungswidrig erklärt und mit diesem Stichtag aufgehoben hatte. Das Gericht hatte bereits 2005 darauf hingewiesen, dass zwischen der Größe der Wahlkreise erhebliche Unterschiede bestünden und dass dies das Prinzip der Stimmengleichheit aushöhle. Hierzu Századvég Alapítvány (o.J.): Az új magyar választási rendszer, Budapest, S. 18. Damit musste zum 1.1.2012 ein neues Wahlgesetz samt neuer Wahlkreiseinteilung in Kraft treten, weil ansonsten ein verfassungsrechtliches Vakuum gedroht hätte.

49 Schriftliches Interview der Autorin mit *László Salamon*, 18.9.2015.

50 T/5006 Az országgyűlési képviselők választásáról, 20.11.2011. Zugriff: http://www.parlament.hu/irom39/05006/05006.pdf (30.9.2015).

51 Schriftliches Interview der Autorin mit *László Salamon*, 18.9.2015.

52 *Mónika Lamperth* (MSZP), Drs. AIÜB-50/2011 Plenarprotokoll des Ausschusses für Verfassungs-, Justiz- und Verfahrensfragen vom 28.11.2011, S. 15 (eigene Übersetzung, S.P.).

53 Siehe Wortmeldungen im Ausschuss am 28.11.2011, Drs. AIÜB-50/2011.

Tag vor Heiligabend 2011 lediglich durch die Stimmen der Regierungsparteien im Parlament schließlich angenommen.

VI. Mehrheitsfördernde Elemente des neuen Wahlsystems

Die inhaltliche Kritik der Opposition bezog sich nicht nur darauf, dass sich das neue Wahlgesetz[54] erheblich vom ursprünglichen Entwurf abhob (siehe Tabelle 1). Besonders die Tatsache, dass das gewählte System trotz anfänglicher Bestrebungen noch disproportionaler als das alte Wahlsystem ausfiel und damit die größte Partei noch stärker begünstigte, wurde Objekt des Unmuts.[55] Um die Kritik nachzuvollziehen, sollen im Folgenden die Unterschiede zum alten Wahlsystem sowie zum ersten Entwurf skizziert werden.

1. Zwei Kanäle der Mandatsvergabe

Durch die Dezimierung der Abgeordnetenzahl, so die Begründung des Entwurfes T/5006, war eine gesonderte kompensatorische Liste nicht mehr realisierbar. Daher sieht das neue System nur noch zwei Ebenen der Mandatsvergabe vor: 106 Direktmandate werden in Einerwahlkreisen vergeben, die restlichen 93 Mandate über landesweite Parteilisten. Entscheidend ist dabei, dass sich damit der Anteil zwischen Mandaten, die nach Mehrheitsregel, und solchen, die nach Verhältniswahlregel vergeben werden, zugunsten der ersten Gruppe verschoben hat. Während unter dem alten System weniger als die Hälfte der Sitze nach Mehrheitsregel (45,6%) und mehr als die Hälfte (54,4%) nach Verhältniswahlregel vergeben wurde, kehrt sich die Relation mit 53,3% bzw. 46,7% um. Damit wird das Mehrheitselement gestärkt. Der erste Fidesz-KDNP-Entwurf hatte noch eine mit dem alten System fast identische Relation (45,45% bzw. 54,54%) vorgesehen.

2. Abschaffung des zweiten Wahlgangs und Einführung einer relativen Mehrheit ohne Präsenzquoren

Die Einführung der relativen Mehrheitswahl in Einerwahlkreisen (*first past the post*, FPTP) und das Abschaffen von Präsenzquoren machten einen zweiten Wahlgang überflüssig: Schließlich kann der erste Wahlgang nie ungültig werden oder ergebnislos ausfallen. Begründet wurde die Abschaffung der Stichwahl mit

---

54 2011. évi CCIII. törvény Az országgyűlési képviselők választásáról, in: Magyar Közlöny Nr. 165, 30.12.2011.

55 Siehe Wortmeldungen im Ausschuss am 28.11.2011, Drs. AIÜB-50/2011, sowie Wortmeldungen in der ersten Lesung am 2. und 5.12.2011.

verschiedenen Argumenten: das Ergebnis der ersten Runde sei nie grundlegend anders als das der zweiten Runde gewesen; zwischen den zwei Wahlgängen konnten die Parteien die Wähler durch das Schmieden von neuen Parteibündnissen „hereinlegen"; und dies sei zudem Garant für eine schnellere und günstigere Regierungsbildung.[56] Entscheidend bei dieser Veränderung ist jedoch der mehrheitsfördernde Effekt: Auch Kandidaten mit einem nur geringen Stimmenanteil bei niedriger Wahlbeteiligung ist es somit möglich, ein Mandat zu erringen.

3. Phänomen der Sieger- bzw. Superkompensation

Das neue System veränderte die Definition von Reststimmen und damit auch das Kompensationselement. Die Reststimmen sind nun die Differenzstimmen zwischen dem siegreichen Direktkandidaten und dem Zweitplatzierten abzüglich einer Stimme. Diese Stimmendifferenz wird auf die Parteiliste des Siegers aufgeschlagen. Daraus ergibt sich das Paradoxon, dass die Partei des Siegers, nicht die des Verlierers einen Bonus erhält. Einen besonders durchschlagenden Effekt kann dies in Parteihochburgen haben, wo die Stimmendifferenz zwischen Erst- und Zweitplatziertem sehr groß ist. Begründet wurde diese Superkompensation u.a. damit, dass durch den Wegfall der Kompensationsliste die Regierungsstabilität durch eine übermäßige Verhältnismäßigkeit gefährdet sei.[57]

4. Erleichterte Hürden für Aufstellung der Kandidaten im Wahlkreis und von Parteilisten

Wie bereits gesagt, waren im alten System 750 Unterschriften für die Qualifizierung als Direktkandidat notwendig, und die Aufstellung von Parteilisten war an eine bestimmte Anzahl von Direktkandidaten gekoppelt. Im Reformprozess wurde die Anzahl der Unterschriften mehrmals verändert. Der erste Entwurf von Fidesz-KDNP hielt die 750 bei; der zweite Entwurf erhöhte auf 1.500, wurde jedoch bis zur Verabschiedung des Wahlgesetzes auf 1.000 abgesenkt. Das später verabschiedete Wahlverfahrensgesetz halbierte die Zahl noch einmal. Mit 500 Unterschriften ist es nun noch leichter als nach dem alten Wahlsystem, sich als Kandidat zu qualifizieren. Da die Aufstellung von Parteilisten noch immer an die Anzahl von Direktkandidaten gekoppelt ist (in mindestens neun Komitaten zzgl. Hauptstadt mindestens 27 Direktkandidaten), wurden damit auch die Hürden für

56 *Lajos Kósa* und *Gergely Gulyás* (beide Fidesz) in erster Lesung am 2.12.2011.

57 *Gergely Gulyás* in erster Lesung am 2.12.2011.

Parteilisten gesenkt. Die Profiteure sind insbesondere kleine Parteien, was dem mehrheitsfördernden Effekt der anderen Reformelemente zunächst widerspricht. Das mögliche Kalkül dahinter wird im nächsten Abschnitt ausgeführt.

5. Wahlrecht für Auslandsungarn

Besonders interessant ist auch die Tatsache, dass die Koalition am Anfang explizit gegen ein Wahlrecht für im Ausland lebende Ungarn (insbesondere die ungarischen Minderheiten in den Nachbarstaaten) war, wenig später jedoch dafür die Möglichkeit indirekt in der Verfassung schuf. Neben Jobbik, welche von Anfang an für dieses Auslandswahlrecht plädiert hatte, griff auch Fidesz diese Idee zunehmend auf. Das neue Wahlsystem garantiert nun den Auslandsungarn das Wahlrecht, gewährt ihnen jedoch nur eine Stimme für Parteilisten.

6. Zwischenfazit

Zusammenfassend lässt sich feststellen, dass das Mischsystem grundlegend erhalten geblieben ist. Durch Nachjustieren an wichtigen Stellschrauben sowie durch das Einführen neuer Elemente wurden aber die mehrheitsfördernden Komponenten und Effekte gestärkt. Der anfängliche Konsens aller Parteien, ein proportionaleres System zu schaffen, wurde nicht umgesetzt; die größere Regierungspartei Fidesz vollzog zwischen Mai 2010 und Sommer 2011 hier einen klaren Kurswechsel. Der nächste Abschnitt sucht nach Antworten auf die Frage, woher dieser Strategiewechsel rührte und warum der erste Entwurf der Regierungsmehrheit – der eventuell sogar Grundlage für einen Kompromiss hätte werden können – die Unterstützung derselben verlor.

VII. „Ausflug nach Westminster“[58] oder strategische Kalkulation?

Nach der Verabschiedung des neuen ungarischen Wahlgesetzes konzentrierten sich Beobachter fast ausschließlich auf seine möglichen Effekte, nicht jedoch auf den Reformprozess selbst, dessen Ergebnis dieses ist. Gerade die Verschiebung des Wahlsystems zugunsten der Mehrheitslogik wurde im Rahmen weiterer Institutionenreformen der Regierungskoalition als Umbau des politischen Systems

58 *Ondré, Péter*: Westminsteri kirándulás, in: Politikatudományi Szemle, Jg. XXI, 1/2012, S. 7–31.

zu einer Mehrheitsdemokratie nach britischem Muster gewertet.[59] Damit wurde der Reform eine klare Stoßrichtung, ein Design anhand einer Blaupause attestiert. Diese Interpretation hält bei der Ausgestaltung des neuen Wahlsystems jedoch nur bedingt stand.

Laut der eingangs vorgebrachten Annahme verfolgen Akteure in erster Linie bestimmte strategische Ziele und suchen diejenigen institutionellen Arrangements aus, deren erwartete Effekte zur Erfüllung dieser Ziele beitragen können. Gerade bei über Machtverteilung entscheidenden Wahlsystemen werden Akteure von ihrem Bestreben der Stimmen- bzw. Sitzmaximierung geleitet. Folgt man dieser Logik, scheinen konkrete idealtypische Modelle zunächst eine untergeordnete Rolle zu spielen, da die Festlegung auf ein bestimmtes Modell die Akteure zugleich an Wahlalternativen berauben würde. In der Praxis kann jedoch die Situation entstehen, dass Akteuren durch Pfadabhängigkeiten oder strategische Fehler bestimmte Alternativen nicht mehr zur Verfügung stehen und sie im Rahmen der noch vorhandenen Möglichkeiten versuchen müssen, ihre strategischen Ziele zu erreichen.

Ein Vergleich der beiden Entwürfe der Regierungskoalition stützt diese Annahme, da sich die zwei Vorschläge deutlich voneinander unterscheiden. Dies zeigt, dass a) zwischen dem ersten und dem zweiten Entwurf eine Änderung der Präferenzen stattgefunden hat und b) dass keine starre Festlegung auf ein bestimmtes Modell per se bestand oder diese institutionellen Präferenzen durch Lernen im Prozessverlauf verändert wurden. Für das letztendlich gewählte Design waren somit weniger ein konkretes Wahlsystemmodell, als vielmehr strategische Überlegungen vor einem sich wandelnden politischen Kontext ausschlaggebend.

Als entscheidender Faktor für den Präferenzwandel können die Umfragewerte der regierenden Koalition gesehen werden. Der erste Entwurf eines neuen Wahlsystems entstand unmittelbar nach den Parlamentswahlen vom April 2010, in denen Fidesz und KDNP zusammen zwei Drittel der Sitze erlangt hatten. Die Zustimmungsraten waren dementsprechend hoch, und es bestand kurzfristig gesehen keine Notwendigkeit größerer Änderungen am Status quo. Ab Dezember 2010 begannen die Demoskopen jedoch sinkende Umfragewerte für Fidesz-KDNP zu messen: Während im Dezember 2010 im Schnitt etwa 41% der Wahlberechtigten das Regierungsbündnis unterstützten, waren es im Oktober 2011 nur

59 So z.B. *Ondré* 2012; *Pócza, Kálmán*: Alkotmányozás Magyarországon és az Egyesült Királyságban, in: Kommentár 5/2012, abrufbar unter http://kommentar.info.hu/iras/2012_5/alkotmanyozas_magyarorszagon_es_az_egyesult_kiralysagban.

noch etwa 29%.[60] Auch wenn die vier großen Umfrageinstitute zwischen Dezember 2010 und Oktober 2011 sehr unterschiedliche Verluste konstatierten (Medián: -13%; Szonda-Ipsos: -11%; Tárki: -19% und Századvég: -10%), lagen diese bei allen zumindest im zweistelligen Bereich. Damit wäre eine erneute Zweidrittelmehrheit wahrscheinlich sowohl unter den Regelungen des alten Wahlsystems als auch unter denen des neuen Modells schwerlich erreichbar gewesen. Diese sinkenden Umfragewerte können erklären, warum Fidesz im Unterausschuss plötzlich auf Distanz zum eigenen Entwurf ging und sich nicht auf bestimmte Positionen festsetzen ließ: Die Vertreter der Partei spielten auf Zeit, um weitere Entwicklungen in das maßgeblich über ihre Zukunft entscheidende Design der Institution einbeziehen zu können. Jedoch hatten die Akteure einen strategischen Fehler begangen und befanden sich nun in einem schwer lösbaren Dilemma: Bestimmte Eckpunkte hatten sie als nicht mehr verhandelbar hingestellt (konkrete Zahl an Abgeordneten und gemischtes System), womit sie sich selbst jedoch institutionelle Schranken bei der Reform gesetzt hatten.[61] Der Weg zu einem für sie zu dem Zeitpunkt günstigeren, reinen Mehrheitswahlsystem oder zumindest dessen Varianten war damit versperrt. Die einzige Lösung war somit, innerhalb ihres Rahmens solche Elemente zu stärken oder gar neu zu kreieren, die ähnliche Effekte hatten, d.h. potentiell die Mehrheitslogik förderten. Neben der Erhöhung der Anzahl der Mandate, die nach dem Mehrheitsprinzip vergeben werden, kann besonders die Einführung dreier Elemente des neuen Wahlsystems vor diesem Hintergrund erklärt werden.

Dies ist zum einen das Wahlrecht für Auslandsungarn. Einem anfangs nicht vorgesehenen und nur von Jobbik unterstützten Wahlrecht für die im Ausland lebenden Ungarn kam nun die Funktion zu, den Verlust der Unterstützung in den Reihen inländischer Wähler zumindest teilweise zu kompensieren. Generell gelten die ungarischen Minderheiten in den Nachbarstaaten in ihrer politischen Orientierung als eher konservativ bzw. bürgerlich. Am Ende nahmen mit knapp 128.000

60 Durchschnitt der Ergebnisse der vier großen Meinungsforschungsinstitute Medián, Szonda-Ipsos, Tárki und Századvég. Die Angaben stammen von der Seite des Think tank Political Capital Institute, http://www.politicalcapital.hu/blog/?cat=57 und http://www.politicalcapital.hu/blog/?p=1938137#more-1938137 (20.7.2015).

61 Für eine ähnliche Argumentation siehe die Analyse des Wahlrechtsexperten *Róbert László*: Aránymetszés, in hvg Nr. 31, 6.8.2011, S. 20–23. Das Dilemma von Fidesz sei gewesen, entweder das Risiko des Verlusts der politischen Mehrheit in Kauf zu nehmen oder das ganze System einen großen Schritt in Richtung Mehrheitslogik zu verschieben.

zwar wesentlich weniger Auslandsungarn an den Wahlen teil als erwartet;[62] von diesen stimmten jedoch 122.000 (knapp über 95%) für das Parteienbündnis. Damit erzielte Fidesz-KDNP durch deren Stimmen ein zusätzliches Mandat.[63]

Zweitens waren dies die variierenden Hürden für die Nominierung von Kandidaten und die Aufstellung von Parteilisten. Das von 750 auf 1.500 Unterschriften erhöhte Erfordernis wurde in der Endfassung des Wahlgesetzes auf 1.000 gesenkt und durch das Wahlverfahrensgesetz noch einmal auf 500 heruntergesetzt. Auch die Möglichkeit, mehrere Kandidaten zu unterstützen, wurde eingeführt.[64] Damit wurde es für kleinere und insbesondere neu gegründete, nichtetablierte Parteien einfacher, Kandidaten in den Wahlkreisen zu qualifizieren und damit auch Parteilisten aufzustellen. Dazu kam eine neue großzügige staatliche Wahlkampffinanzierung: Neben einer Direktzahlung an die Direktkandidaten in Höhe von knapp einer Million Forint wurde den Parteien eine bestimmte Summe gestaffelt nach Anzahl ihrer Direktkandidaten zugesprochen.[65] Der Effekt für die Wahlen 2014 war eine kurzfristige Zersplitterung der Parteienlandschaft: Während sich 2010 lediglich sechs Parteien mit ihren Listen zur Wahl qualifizieren konnten, waren es vier Jahre später 18 Parteilisten. Das Kalkül dahinter mag gewesen sein, das ohnehin zerstrittene linke Parteienlager noch weiter zu schwächen, indem neu geschaffene Parteien den etablierten Parteien des linken Spektrums unzufriedene Wähler entziehen. Allerdings brachte dies im Frühling 2014 nicht den erhofften Effekt: Nur 3,63% aller Wähler gaben einer kleineren, nicht über die 5%-Hürde

62 Bis Juli 2013 hatten von der Möglichkeit, die ungarische Staatsbürgerschaft zu beantragen – die Voraussetzung für die Ausübung des Wahlrechts ist –, fast eine halbe Million Auslandsungarn Gebrauch gemacht: Magyar Nemzet Online, Kettős állampolgárság: a kétharmad Erdélyből érkezett, 26.7.2013, abrufbar unter http://mno.hu/tusvanyos/kettos-allampolgarsag-a-ketharmad-erdelybol-erkezett-1175019 (20.7.2015).

63 *László, Róbert* (2014): Ez kellett a kétharmadhoz, 15.4.2014, abrufbar unter: http://www.valasztasirendszer.hu/?p=1942758; ders. (2014a): A külhoni szavazatok 2014. évi országgyűlési képviselőválasztás eredeményére gyakorolt hatásának vizsgálata, in: *Cserny, Ákos* (Hrsg.): „Határtalan választások". Tanulmányok a külhoni állampolgárok választása témakörében. Budapest, S. 125–146.

64 *László, Róbert* (2015): Még mindig a sötétszürke zónában – az átalakult jelöltállítási és kampányfinanszírozási rendszer, in: *Cserny, Ákos* (Hrsg.): Választási dilemmák. Tanulmányok az új választási eljárási törvény nóvumai az első megméretettése tárgyában. Budapest, S. 65–79, hier S. 68.

65 Ebd., S. 69.

kommenden Parteien ihre Stimme.[66] Langfristig könnte dies jedoch durchaus noch einen entscheidenden Effekt entfalten, der sich auch für die derzeitige Mehrheit als Bumerang erweisen könnte: Je größer die Enttäuschung der Wähler mit den etablierten Parteien (was natürlich auch die derzeitigen Regierungsparteien betrifft), desto größer ist ihre Bereitschaft, nichtetablierten Alternativen eine Chance zu geben.

Drittens ist auch die Umkehr der Kompensationslogik durch die Siegerkompensation vor dem Hintergrund zu sehen, denn diese fiel bei der Mandatsvergabe am stärksten ins Gewicht. Laut Berechnungen von *Róbert László* vom Political Capital Institute erhielt das Regierungsbündnis durch dieses Instrument weitere sechs Mandate.[67]

Zusammengefasst brachten die Siegerkompensation und das Wahlrecht für Auslandsungarn der Regierungskoalition aus Fidesz und KDNP sieben zusätzliche Mandate. In Anbetracht der Tatsache, dass das Bündnis die Zweidrittelmehrheit mit gerade einmal einem Mandat mehr als notwendig erreichte (133 von 199), wäre dieses Ergebnis ohne diese zwei Elemente klar verfehlt worden. Dabei ist unbestritten, dass letztendlich auch weitere Elemente des Wahlgesetzes sowie des Wahlverfahrensgesetzes, die hier nicht behandelt wurden, ebenso bestimmte Effekte auf die Ergebnisse entfalteten, so z.B. die stark kritisierte Neuzuschneidung der Wahlkreise.[68] Letztendlich lässt sich der Präferenzwandel der Regierungsmehrheit damit erklären, dass sie vor dem Hintergrund sinkender Umfragewerte um einen erneuten Gewinn unter den von ihnen vorgeschlagenen Regeln fürchten mussten.

VIII. Resümee und Ausblick: Zur Nachhaltigkeit eines strategischen Institutionendesigns

Entgegen der im Zusammenhang mit dem Wahlsystem häufig geäußerten Vermutung, die regierende Koalition habe von Anfang an einen bestimmten „Masterplan" in Bezug auf die Veränderung des Wahlsystems gehegt, legt die Analyse des Reformprozesses die Schlussfolgerung nahe, dass dies nicht der Fall war. Es

66 Die Zahl ist eine eigene Berechnung auf der Grundlage der offiziellen Ergebnisse des Nationalen Wahlbüros. Hierzu siehe http://valasztas.hu/hu/ogyv2014/861/861_0_index.html (20.7.2015).

67 *László* 2014.

68 Zu einer Analyse des neuen Wahlsystems mit Blick auf die größten Kritikpunkte siehe *Renwick, Alan*: Im Interesse der Macht. Ungarns neues Wahlsystem, in: Osteuropa, 62. Jg., 5/2012, S. 3–17.

war der sich wandelnde politische Kontext, welcher sich in den sinkenden Umfragewerten widerspiegelte, der die ursprüngliche Präferenz für ein gemischtes, proportionaleres Wahlsystem für Fidesz-KDNP ungünstig erscheinen ließ. Dies brachte im Laufe des Jahres 2011 die Erkenntnis, dass eine erneute Zweidrittelmehrheit mit den bis dahin garantierten Eckpunkten einer Wahlrechtsreform nicht mehr kompatibel ist; die gewählten Instrumente passten nicht mehr zu dem zu erreichenden strategischen Ziel. Dies erforderte letztendlich innovative Lösungen eines strategischen Institutionendesigns: Das bereits festgelegte Mischsystem musste in seinen Einzelelementen so justiert werden, dass dieses die gewünschte mehrheitsfördernde Wirkung entfaltete.

Für die Wahlen 2014 ging das Kalkül der Regierungsmehrheit zunächst auf: Eine neue parlamentarische Zweidrittelmehrheit konnte, wenn auch nur äußerst knapp, durch das reformierte Wahlsystem erzielt werden. Akteure machen jedoch Fehler und können weder exakt die Folgen eines bestimmten institutionellen Arrangements noch die Entwicklung der politischen Rahmenbedingungen voraussagen. Somit kann eine gewählte Institutionenform zu einem Zeitpunkt t1 eine bestimmte Wirkung entfalten, zum Zeitpunkt t2 jedoch eine gänzlich andere. Die Designer des Wahlsystems von 2011 könnten zu dessen Verlierern werden, wenn sich die politischen Mehrheitsverhältnisse ändern. Da die Regierungskoalition im Februar 2015 ihre Zweidrittelmehrheit verloren hat, das Wahlsystem jedoch nur durch Zweidrittelmehrheit geändert werden kann, wird es für sie schwierig (wenn auch nicht unmöglich), vor den Parlamentswahlen 2018 noch einmal ein strategisches Institutionendesign mit Blick auf die Wahlrechtsregeln zu betreiben.

Tabelle 1: Vergleich der beiden Entwürfe der Regierungskoalition

	Fidesz-KDNP-Entwurf Mai 2010 (T/18)	**Fidesz-KDNP-Entwurf November 2011 (T/5006)**
Wahlsystem	gemischt	gemischt
Anzahl der Mandate	198 - 90 EWK - 78 über landesweite Parteilisten - 30 Kompensationsmandate	199 - 106 EWK - 93 über landesweite Parteilisten
Verhältnis zwischen Mandaten nach Mehrheits- und Proporzregel	45,45% zu 54,54%	53,3% zu 46,7%
Anzahl der Stimmen	zwei: - eine für Direktkandidat - eine für Parteiliste	zwei: - eine für Direktkandidat - eine für Parteiliste
Sperrklausel	5% 10% bei Zweierbündnissen 15% bei Bündnissen aus mehr als zwei Parteien	5% 10% bei Zweierbündnissen 15% bei Bündnissen aus mehr als zwei Parteien
Unterstützungsunterschriften	750 für Kandidaten im EWK	1.500 für Kandidaten im EWK
Wahlrecht für Auslandsungarn	nein	ja: eine Stimme für Parteiliste
Runden	zwei (relative Mehrheit)	eine (relative Mehrheit)
Teilnehmerquorum	ja - erste Runde min. 50% - zweite Runde min. 25%	nein
Nationalitätenvertretung	13 vergünstigtes Mandat: 1/3 der Stimmen für normales Mandat	13 vergünstigtes Mandat: 1/3 der Stimmen für normales Mandat

Quelle: eigene Zusammenstellung anhand von Gesetzesentwürfen.

Tabelle 2: Alle Entwürfe der Parteien

	Fidesz-KDNP erster Entwurf	**MSZP**	**LMP**	**Jobbik**
Wahlsystem	gemischt	reine Verhältniswahl	gemischt	gemischt
Anzahl der Mandate	198 - 90 EWK - 78 über landesweite Parteilisten - 30 Kompensationsmandate	199 - 176 über regionale Parteilisten - 23 Kompensationsmandate über landesweite Parteilisten	zunächst 260 - 171 EWK - ca. 90 über landesweite Parteilisten Entwurf vom August 2011: 245 - 135 EWK - 25 über landesweite Parteilisten - 85 über Kompensationsliste	zunächst 226 (darin enthalten 26 für Auslandsungarn) später Zustimmung zu 200 - 100 in EWK - 100 über Listen (die 100 Listenmandate enthalten auch die Mandate für Auslandsungarn)
Anzahl der Stimmen	zwei - eine für Direktkandidat - eine für Parteiliste	eine: für regionale Parteiliste	zwei - eine für Direktkandidat - eine für Parteiliste bzw. Nationalitätenliste	zwei - eine für Direktkandidat - eine für Parteiliste
Sperrklausel	- 5% - 10% bei Zweierbündnissen - 15% bei Bündnissen aus mehr als zwei Parteien	- 5% - 10% bei Zweierbündnissen - 15% bei Bündnissen aus mehr als zwei Parteien	- 3% - 6% bei Bündnissen	4 %
Unterstützungsunterschriften	750 für Kandidaten im EWK	500 für regionale Parteiliste	nein (Transparenzanforderungen an Kandidaten)	- ja für die, die noch nicht an Wahlen teilgenommen oder bei letzten Wahlen nicht 1% erreicht haben: 1% für DK, 33 DK für Liste - nein für andere Parteien

	Fidesz-KDNP erster Entwurf	**MSZP**	**LMP**	**Jobbik**
Wahlrecht für Auslandsungarn	nein	nein	nein, stattdessen eigenes Gremium mit Vetorecht bei sie betreffenden Gesetzen	ja zunächst zusätzliche 26 Mandate geplant, später keine Extramandate
Runden	zwei: relative Mehrheit	eine (da keine EWK)	zwei - erste Runde absolute Mehrheit - zweite Runde relative Mehrheit	eine: relative Mehrheit
Teilnehmerquorum	ja - erste Runde min. 50% - zweite Runde min. 25%	nein	nein	nein
Nationalitätenvertretung	13 für ein vergünstigtes Mandat reichen 1/3 der Stimmen für normales Mandat	nein	ja, Anzahl unbestimmt; Aufstellung von Nationalitätenlisten in Konkurrenz mit Parteilisten	- zunächst Zustimmung zu 13 vergünstigten Mandaten - später keine Erwähnung mehr
Besonderheit	keine	keine	keine	Einführung eines Bildungszensus

Quelle: eigene Zusammenstellung anhand von Gesetzesentwürfen.

Dr. Zsolt Szabó, Ph.D.

Károli Gáspár Reformierte Universität Budapest
Juristischer Dienst der ungarischen Landesversammlung

Ausgewählte Fragen des Parlamentsrechts und der Parlamentspraxis in Deutschland und Ungarn

Abstract: Both in Hungary and Germany, the Parliaments are at the core of the political system. If one abstracts from the peculiarities of German federalism, both institutions are quite similar in many respects. Nevertheless, numerous differences in detail sometimes make parliamentary work look quite different in both countries. This essay exemplifies parallels and differences describing the legislative procedure, the examination committees and the role and legal position of parliamentary groups and independent MPs.

Inhalt

I. Einleitung

Ungarn und Deutschland haben viel gemeinsam, was das Verfassungssystem angeht. Bei der Wende 1989–1990 haben die Verfassungsmütter und -väter Ungarns viel von der Staatsorganisation der Bundesrepublik übernommen. Die Stellung des Parlaments gegenüber den anderen Staatsorganen, vor allem gegenüber der Regierung und dem Staatspräsidenten, ist in beiden Ländern ähnlich. Auch für Ungarn war das im deutschen Grundgesetz verankerte Modell eines starken Parlaments, einer stabilen Regierung und eines schwachen Präsidenten sowie ein Mischwahlsystem mit 5%-Sperrklausel geeignet[1]. Ein entscheidender Unterschied ist jedoch, dass Ungarn im Gegensatz zu Deutschland kein Bundestaat ist. Die

1 Zum Wahlsystem s. den Beitrag von S. *Priebus* in diesem Band.

Bundesstaatlichkeit hat bedeutende Auswirkungen auch auf die Parlamentsfunktionen, was in dieser Analyse jedoch außer Acht bleiben soll.

Im Parlamentsrecht lassen sich zahlreiche Ähnlichkeiten finden. Hierzu zählen der interne Aufbau des Parlaments mit einem aus Fraktionen und Hausvorsitz bestehenden Ältestenrat, ein federführender Ausschuss im Gesetzgebungsverfahren sowie die Möglichkeit eines zwingenden Minderheitsantrags zur Einsetzung eines Untersuchungsausschusses, die allerdings in Ungarn 2014 abgeschafft wurde. Die Rolle der Fraktionen und die Schwierigkeiten fraktionsloser Abgeordneter sind weitere Parallelen.

Diese Ähnlichkeiten geben hinreichend Anlass für eine vergleichende Analyse des deutschen und ungarischen Parlamentsrechts und seiner Praxis. Im Weiteren werden die Rechtsgrundlagen des Parlamentsrechts und drei spezifische Themenfelder, nämlich die Gesetzgebung, Untersuchungsausschüsse und die Rechtstellung der Fraktionen und Fraktionslosen, vergleichend dargestellt.

II. Quellen des Parlamentsrechts

In beiden Ländern ist die Geschäftsordnungsautonomie des Parlaments in der Verfassung garantiert. Art. 40 Abs. 1 Satz 2 deutsches Grundgesetz (dtGG) und Art. 5 Abs. 7 Satz 1 ungarisches Grundgesetz (ungGG) überlassen es in einer Kompetenzzuweisungsnorm dem Parlament, seine internen Regeln selbstständig zu erlassen, was in beiden Ländern nicht nur ein Recht, sondern gleichzeitig auch eine Pflicht des Parlaments ist. In Deutschland sagt das dtGG sonst nichts zum Inhalt der Geschäftsordnung, in Ungarn hingegen präzisiert das ungGG die Reichweite der Geschäftsordnung als „Regeln der Betriebs und der Beratungsordnung" des Parlaments.

Die nötige Mehrheit beim Erlass der Geschäftsordnung ist auch unterschiedlich. Im Deutschen Bundestag reicht die einfache Mehrheit, in der ungarischen Landesversammlung hingegen ist eine Zweidrittelmehrheit erforderlich, wobei sich in der Praxis des Bundestages gleichwohl eine auf Konsens ausgerichtete, in Verhandlungen zwischen den Fraktionen ausgehandelte Fortentwicklung der Geschäftsordnung als erfolgreiches Verfahren etabliert hat.[2]

Ein weiterer Unterschied ergibt sich daraus, dass die Geschäftsordnung des Bundestages dem Diskontinuitätsprinzip unterliegt: Jeder Bundestag muss sich seine eigene Geschäftsordnung geben. In der Regel wird die vorherige als vorläufige Geschäftsordnung übernommen. In Ungarn hingegen finden sich

2 *Kahl/Waldhoff, Walther*: Bonner Kommentar zum Grundgesetz, Art. 40 Rn. 215.

Geschäftsordnungsregeln in abstrakten Rechtsnormen, die naturgemäß auf unbestimmte Zeit gelten. Diese Normen sind entweder Rechtsvorschriften (z.B. Gesetz) oder sog. „Regelungsmittel des öffentlichen Rechts" (z.B. ein normativer Parlamentsbeschluss), die in Ungarn u.a. die Innenbeziehungen eines Organs des öffentlichen Rechts regeln. Die Geschäftsordnung gilt deshalb in Ungarn auf unbegrenzte Zeit. Änderungen der Geschäftsordnung sind in beiden Ländern jederzeit möglich, in Ungarn ist hierfür wiederum eine qualifizierte Mehrheit erforderlich.

Aus dem komplexen Regelungsstand ergibt sich in Ungarn, dass es keine Geschäftsordnung als solche (d.h. in einem Dokument kodifizierte Verfahrensordnung) gibt, sondern die Geschäftsordnungsvorschriften bestehen zum Teil aus Vorschriften des Parlamentsgesetzes und finden sich zum Teil in einem Parlamentsbeschluss „über einzelne Geschäftsordnungsvorschriften".[3] Das Parlamentsgesetz (ungParlG) wurde 2012 erlassen, es hat mehrere Gesetze (Abgeordnetengesetz, EU-Zusammenarbeitsgesetz) abgelöst und ihren Regelungsinhalt mit Veränderungen übernommen. Das ungParlG enthält auch eine Aufzählung darüber, welche seiner Vorschriften als Geschäftsordnungsregeln gelten. Hierzu zählen vor allem Vorschriften, die externe Rechtsverhältnisse berühren, z.B. Erscheinens- und Aussagepflichten vor einem Untersuchungsausschuss.

Zur Geschäftsordnungsautonomie gehört auch, dass das Parlament nicht an die Gesetzesform und das förmliche Beratungsverfahren für Gesetze gebunden ist, sondern es ihm in beiden Ländern frei steht, das Verfahren frei zu wählen. In der Praxis des Bundestages folgt das Verfahren den Verfahrensregeln für Vorlagen und Sachanträge. Ein förmlicher „Erlass" der Geschäftsordnung mit einer Bekanntmachung im Bundesgesetzblatt ist nicht vorgesehen, auch wenn die Verkündung im Bundesgesetzblatt in der Praxis der Regelfall ist. In Ungarn hingegen werden Geschäftsordnungsregeln in der Form entweder eines Gesetzes oder eines Parlamentsbeschlusses erlassen, für deren Erlass die allgemeinen Verfahrensregeln für die jeweilige Art von Parlamentsakt gelten.

Die Rechtsnatur der Geschäftsordnung ist demzufolge in den beiden Ländern verschieden. In Deutschland ist sie in der Praxis des Bundesverfassungsgerichts eine „autonome Satzung" des Parlaments, die sich nicht einfach in die Rechtsnormenhierarchie einordnen lässt. Außer ihr gibt es noch mehrere Gesetze, die zum

---

3 Gesetz 2012:XXXVI „über die Landesversammlung" v. 19.4.2012 (ungParlG); Parlamentsbeschluss 10/2014. (II. 24.) OGY „über einzelne Geschäftsordnungsvorschriften" v. 24.2.2014.

Parlamentsrecht gehören und auch Außenverhältnisse berühren (z.B. WahlPrG, BefBezG, AbgG, WBeauftrG, GGArt45cG, PUAG, PKGrG). In Ungarn hingegen finden sich Geschäftsordnungsregeln sowohl im ungParlG als auch in einem Parlamentsbeschluss, weshalb sich die jeweiligen Vorschriften in den Rang der jeweiligen Normart einordnen. Natürlich dürfen keine Geschäftsordnungsregeln gegen die Verfassung verstoßen.

III. Gesetzgebung

Neben der Kontrolle der Regierung ist die Gesetzgebung in beiden Ländern die wichtigste Tätigkeit des Parlaments. Der aktivste Gesetzesinitiator ist jeweils die Regierung. Des Weiteren sind in Deutschland der Bundesrat, in Ungarn der Staatspräsident und alle Ausschüsse des Parlaments berechtigt, eine Gesetzinitiative einzubringen. Aus der Mitte des Parlaments (d.h. von Abgeordneten) sind ebenso Gesetzesentwürfe zulässig, allerdings bedarf es in Deutschland die Unterstützung einer Fraktion oder 5% der Abgeordneten. In Ungarn hingegen kann jeder einzelne Abgeordnete für sich oder auch zusammen mit anderen Abgeordneten ein Gesetz vorschlagen.

Dieses Recht des einzelnen Abgeordneten in Ungarn ist allerdings nicht mit einer Behandlungsgarantie versehen. Laut Geschäftsordnung werden Gesetzentwürfe nur dann auf die Tagesordnung gesetzt, wenn ein ständiger Ausschuss mit Mehrheitsentscheid damit einverstanden ist. Durch diesen Filter gelangen meist nur Vorschläge der die Regierung tragenden Parteien, während Gesetzentwürfe der Opposition vom Parlament kaum ernsthaft behandelt werden. Trotzdem reicht die Opposition zahlreiche Gesetzentwürfe ein, denn diese sind öffentlich. So können Oppositionsabgeordnete ihre alternativen Gesetzentwürfe der Öffentlichkeit präsentieren.

In Deutschland hat der einzelne Abgeordnete zwar kein Recht, Gesetzentwürfe einzubringen, aber auch Oppositionsentwürfe haben eine echte Chance, behandelt, d.h. vom Plenum diskutiert und entschieden zu werden. Der Initiant kann verlangen, dass die Beratung in der nächsten Sitzung stattfindet, wenn drei Wochen (bis 1995 war es sechs Sitzungswochen) seit der Einreichung vergangen sind. Diese Regelung garantiert, dass die Tagesordnung ausgewogen ist – im Gegensatz zu Ungarn, wo sie von Regierungsakten dominiert wird.

Die Einzelheiten des Gesetzgebungsverfahrens sind teils unterschiedlich, teils weisen sie gewisse Ähnlichkeiten auf. Gesetzentwürfe müssen rechtzeitig verteilt werden, damit alle Abgeordneten sich mit ihrem Inhalt auseinandersetzen können. Im Bundestag muss diese Verteilung mindestens zwei Tage vor der

Plenardebatte stattfinden, in Ungarn ist eine längere Frist vorgesehen: Gesetzentwürfe können frühestens sechs Tage nach der Einreichung behandelt werden. Während im Bundestag in der ersten Lesung i. d. R. lediglich beschlossen wird, den Gesetzentwurf an einen oder mehrere Ausschüsse zu überweisen, findet in der ungarischen Landesversammlung in der ersten Lesung im Plenum, der sog. „allgemeinen Debatte", eine Diskussion über die allgemeine Grundzüge und Ziele des Entwurfs statt.

Im Ausschuss dann werden die Einzelheiten diskutiert, diese Phase heißt in Ungarn „detaillierte Debatte". Hier werden auch die Änderungsanträge behandelt, über die der Ausschuss eine Beschlussempfehlung zum Plenum fertigt. In Deutschland findet die erste wirkliche Debatte des Verfahrens im Ausschuss statt. Ein wichtiger Unterschied ist jedoch, dass in Ungarn alle Ausschusssitzungen öffentlich sind, im Bundestag hingegen sind sie in der Regel nichtöffentlich. Nur der Ausschussbericht informiert das Plenum und die Öffentlichkeit über die Verhandlungen im Ausschuss.

Eine ungarische Besonderheit ist das zweistufige Ausschusssystem: Der federführende Ausschuss und die anderen beratenden Ausschüsse legen die von ihnen unterstützten Änderungsanträge dem 2014 ins Leben gerufenen, 39 Mitglieder zählenden Gesetzgebungsausschuss vor, wo ein zusammenfassendes Änderungspaket zusammengestellt wird; anschließend erfolgt dann eine weitere, zweite Plenardebatte. Diese Kontrolle mit Änderungsmöglichkeit früherer Änderungen erfolgt im Bundestag im Plenum, in der zweiten und ggf. dritten Lesung. Über Änderungsanträge entscheidet in beiden Ländern das Plenum, und als letzter Schritt erfolgt dann die Schlussabstimmung. Allerdings finden Abstimmungen im Bundestag am Ende der Beratung statt, in Ungarn hingegen werden alle Abstimmungen einmal in der Woche auf einmal organisiert.

Für die Verabschiedung eines Gesetzes – abgesehen von verfassungsändernden Gesetzen – reicht in Deutschland die einfache Mehrheit. Qualifizierte Mehrheiten kommen im Gesetzgebungsverfahren nicht vor. In Ungarn hingegen enthält die Verfassung zahlreiche Gesetzgebungsgegenstände, die nur mit zwei Dritteln der Stimmen der anwesenden Abgeordneten erlassen, geändert und aufgehoben werden können (sog. Kardinalgesetze). Nach der Wende war dieses erhöhte Quorum für eine Stabilisierung des neuen Verfassungssystems gedacht, damit die wechselnden Regierungen nicht die Errungenschaften der neuen Rechtsstaatlichkeit gefährden. Diese Lösung hat sich seitdem als nachteilig erwiesen. Zurecht kritisiert *Küpper* die Zwei-Drittel-Gesetze, weil die demokratische Verantwortung sich verwischt, wenn die Mehrheit nicht ohne Mitwirkung der Opposition regieren kann. Wenn die Regierung auf die Mitwirkung der Opposition angewiesen ist und zwischen beiden Lagern der Konsens fehlt, sind die Regierungsfähigkeit und dadurch die demokratische Legitimation gefährdet.[4]

Abweichungen von den Verfahrensregeln sind in beiden Ländern möglich, allerdings bedarf es im Bundestag einer Zwei-Drittel- und in Ungarn einer Vier-Fünftel-Mehrheit der anwesenden Abgeordneten. Im Übrigen müssen die Verfahrensregeln eingehalten werden: Nach der Praxis des ungarischen Verfassungsgerichts können wesentliche Verfahrensverletzungen zur sog. „öffentlichrechtlichen Ungültigkeit", d.h. zur formellen Verfassungswidrigkeit führen. In Deutschland hingegen droht die Nichtigkeit des Gesetzes nur dann, wenn neben der Verletzung des Gesetzgebungsverfahrens gleichzeitig eine unmittelbare Verfassungsverletzung vorliegt.

Die Statistik der Gesetzgebungspraxis weist etliche Ähnlichkeiten auf. Die Zahl der im Parlament eingebrachten Gesetzentwürfe liegt bei ca. 1.000, die der verabschiedeten Gesetze bei ca. 600 pro Wahlperiode.[5] Seit 2010 ist in Ungarn ein Anstieg in der Gesetzgebung zu erkennen. Auffällig ist, dass es mehr Abgeordnetenentwürfe als Regierungsentwürfe gab. Diese kamen mehrheitlich aus den Reihen der Regierungsparteien. Die seit 2010 im Amt befindliche Regierung wollte den Gesetzgebungsprozess beschleunigen, und viele Regelungsgegenstände wurden formal als Abgeordnetenentwurf eingebracht. Der aktivste Initiator ist ansonsten in beiden Ländern die Regierung, die die höchste Erfolgsquote besitzt. Entwürfe der Opposition haben gleichermaßen eine geringe Chance.

---

4 *Küpper, Herbert*: Ungarns Verfassung vom 25. April 2011. Einführung – Übersetzung – Materialien, Frankfurt/M. 2012, S. 187; ebenso der Beitrag von *Küpper* in diesem Band, Punkt III. 2.
Ein Beispiel für die Verfassungswidrigkeit eines mit einfacher Mehrheit verabschiedeten Gesetzes, das einer Zweidrittelmehrheit bedurft hätte, liefert der Beitrag von *P. Darák* in diesem Band, Punkt II.: die Absenkung des Renteneintrittsalters für Richter.

5 Dieser Vergleich hinkt allerdings ein wenig, weil Deutschland ein föderaler Staat ist. Der Bundestag kann nur Gesetze in Bundeszuständigkeit regeln. So entfällt nur ein Teil aller möglichen Gesetzgebungsgegenstände auf den Bundestag.

Gesetzgebung	DE 16. WP	HU 2006-2010	DE 17. WP	HU 2010-2014	DE 18. WP*	HU 2014-*
eingebracht	**905**	**967**	**844**	**1498**	**186**	**211**
Regierung	537	521	484	586	111	67
Parlament	264	446	278	912	51	144
verabschiedet	**616**	**587**	**553**	**859**	**106**	**97**
Regierung	488	474	434	570	90	70
Parlament	89	113	88	289	9	27

* Stand: 31.1.2015.

IV. Untersuchungsausschüsse

In den letzten Jahren standen Untersuchungsausschüsse sowohl in Deutschland als auch in Ungarn mehrmals im Mittelpunkt der Politik. In beiden Ländern besteht nämlich die Möglichkeit, temporäre Ausschüsse einzusetzen, um politische Skandale aufzudecken und politische Verantwortung zu klären, und in beiden Ländern entstand das Untersuchungsrecht als Minderheitsrecht: In Deutschland müssen Untersuchungsausschüsse auf Verlangen von einem Viertel (unter der Weimarer Verfassung: einem Fünftel), in Ungarn von einem Fünftel der Abgeordneten eingesetzt werden. In Ungarn wurde allerdings 2014 der zwingende Minderheitsantrag abgeschafft. Daher hat die parlamentarische Minderheit nur ein Vorschlagsrecht, nicht aber ein volles Untersuchungsrecht.[6]

Untersuchungsausschüsse sind in Deutschland in den Verfassungen sowohl auf Bundes- als auch auf Landesebene tief verankert. Art. 44 GG regelt u.a. das Minderheitsrecht, die Öffentlichkeit, die Beweiserhebung und die gerichtliche Kontrolle. 2001 wurde das Gesetz über die Regelung des Rechts der Untersuchungsausschüsse des Deutschen Bundestages (PUAG) verabschiedet, das die Einzelheiten regelt; auch in den Bundesländern existieren Untersuchungsausschussgesetze. In Ungarn gibt die Verfassung lediglich einen Gesetzesvorbehalt vor, und die Regelung der Kompetenzen der Untersuchungsausschüsse findet sich in §§ 24–27 ungParlG. Während im Bundestag die besonderen Untersuchungskompetenzen mit der sinngemäßen Anwendung der Regeln des Strafprozesses alleine den Untersuchungsausschüssen vorbehalten sind, können in Ungarn auch ständige Ausschüsse Untersuchungen durchführen, allerdings mit

6 Mehr dazu bei *Szabó, Zsolt*: Der zwingende Minderheitsantrag zur Einsetzung eines parlamentarischen Untersuchungsausschusses: eine deutsche Erfindung, die nur in Deutschland funktionsfähig ist?, Zeitschrift für Parlamentsfragen 2015/2, S. 328–348.

ebenso geringen Mitteln. Statt der Zwangsmittel des Strafprozessrechts wird das Versäumnis einer Ladung lediglich im Plenum verkündet.

Die Zusammensetzung der Untersuchungsausschüsse des Bundestages spiegelt die Mehrheitsverhältnisse. Im Gegensatz dazu sind ungarische Untersuchungsausschüsse paritätisch besetzt, mit der gleichen Zahl von Abgeordneten der Regierung sowie der Opposition. Dies scheint ausgewogen zu sein, hat aber auch Nachteile. Viele frühere Untersuchungsausschüsse konnten sich nicht über ihre Arbeitsweise und Berichterstattung einigen, ihre Arbeit war damit praktisch blockiert. Eine weitere Blockademöglichkeit der Mehrheit ergibt sich in Ungarn daraus, dass die Besetzung, d.h. die Wahl der Ausschussmitglieder nach dem Einsetzungsbeschluss als eine zweite Plenarentscheidung vorgesehen ist, bei der es kein Minderheitsrecht mehr gibt. Es kam bereits mehrmals vor, dass die Einsetzung des Ausschusses auf Minderheitsantrag erfolgte, später jedoch keine Mitglieder gewählt wurden und so die Untersuchung gar nicht erst beginnen konnte. Der Ausschussvorsitz gehört in Ungarn der Regierung, d.h. dem Kontrollierten, in Deutschland bestimmt sich die Reihenfolge des Vorsitzes – wie auch bei ständigen Ausschüssen – nach der Fraktionsstärke. In Ungarn ist für mehr Öffentlichkeit gesorgt. Wie ständige Ausschüsse generell tagen auch Untersuchungsausschüsse öffentlich. In Deutschland sind die Beweiserhebungen der Untersuchungsausschüsse öffentlich, die Beratungen nicht.

2014 wurden in Ungarn Schranken der parlamentarischen Untersuchungen definiert bzw. eingeführt, teilweise nach deutschem Muster. In beiden Ländern bedeutet es ein Hindernis der Untersuchung, wenn der Sachverhalt bereits Gegenstand eines gerichtlichen Verfahrens ist, das noch nicht abgeschlossen ist, wenn er in den Kompetenzbereich anderer Staatsorgane, besonders der Regierung fällt oder wenn er nicht im öffentlichen Interesse liegt. Als eine zusätzliche widersprüchliche Voraussetzung wurde in Ungarn eingeführt, dass die Sache „nicht im Wege des parlamentarischen Fragerechts geklärt werden kann". Es ist kaum festzustellen, wann dies der Fall ist, außerdem liegt die Prüfung dieser Voraussetzungen in der Hand der Mehrheit. Die Wahl der Kontrollmittel sollte dem Kontrollierenden überlassen bleiben.

Die folgende Tabelle zeigt in beiden Ländern die Zahl der Untersuchungsausschüsse pro Wahlperiode, auch Mehrheits- und Minderheitsanträge werden dargestellt. Wie schon ausgeführt, wurde in Ungarn vor 2014 – trotz des zwingenden Charakters des Minderheitsantrags – nicht allen Minderheitsanträgen stattgegeben. Noch geringer ist die Zahl der Ausschüsse, die tatsächlich mit Mitgliedern besetzt wurden, und am kleinsten ist die Zahl der Ausschüsse, die ihre Arbeit mit der Vorlage eines fertigen Berichts abgeschlossen haben.

Untersuchungs-ausschüsse	DE 13. WP	HU 1994–1998	DE 14. WP	HU 1998–2002	DE 15. WP	HU 2002–2006	DE 16. WP	HU 2006–2010	DE 17. WP	HU 2010–2014
Minderheitsantrag	1	25	0	16	2	20	2	12	1	11
Mehrheitsantrag	1	2	1	8	0	9	0	3	1	6
insgesamt eingesetzt	**2**	**7**	**1**	**6**	**2**	**15**	**2**	**8**	**2**	**6**
mit Mitgliedern besetzt	2	6	1	4	2	13	2	1	2	6
mit Bericht abgeschlossen	2	3	1	1	2	1	2	1	2	6

V. Fraktionen und Fraktionslose

Fraktionen sind zwar keine Organe des Parlaments, denn sie werden nicht durch Plenarbeschluss eingerichtet und vertreten nicht das Plenum. Sie spielen aber in beiden Ländern eine entscheidende Rolle, sodass beide Volksvertretungen als „Fraktionenparlamente“ bezeichnet werden können. Die „Parteifraktionen“ dürfen aufgrund ihrer Repräsentationsfähigkeit gegenüber parteilosen Fraktionen oder Gruppen privilegiert behandelt werden, und zwar auch dergestalt, dass der Fraktionsstatus zulässigerweise auf „Parteifraktionen“ beschränkt wird.[7]

Ohne Fraktionsmitgliedschaft haben Abgeordnete weniger Einfluss auf die parlamentarische Arbeit. Die Regelung der Redezeiten, die Ausschussarbeit und vieles mehr setzen Fraktionen voraus, und Fraktionslose haben demgegenüber weniger Mitwirkungsmöglichkeiten. In Ungarn ist die Situation der Fraktionslosen wenn schon nicht deutlich, so doch ein wenig besser als im Bundestag. Sie haben Anspruch auf die Mitgliedschaft in einem der ständigen Ausschüsse, während sie im Bundestag nur über ein Beratungsrecht, nicht aber über das Stimmrecht verfügen.[8] Außerdem ist die Situation der „Abweichler“, d.h. der Abgeordneten, die eine von der Fraktionslinie abweichende Meinung vertreten, in parlamentarischen Debatten einfacher in Ungarn. Da keine feste Zeiten für Tagesordnungspunkte vorgesehen sind und die Redezeit nicht von vornherein unter den Fraktionen gemäß ihrer Stärke aufgeteilt ist, können sich alle Abgeordneten während der Debatte zumindest für einen Kurzbeitrag von zwei Minuten direkt zu Wort melden, und auch eine

7 *Kahl/Waldhoff, Walther*: Bonner Kommentar zum Grundgesetz, Art. 40 Rn. 174.
8 Zu diesem Thema s. *Cservák, Csaba / Szabó, Zsolt*: Gondolatok a független képviselők helyzetéről de lege lata és de lege ferenda, Jogelméleti szemle 2015/2.

wiederholte Wortmeldung ist möglich. Allerdings ist dies nur auf der Ebene der Regelung möglich, denn in der Praxis herrscht in beiden Ländern Fraktionsdisziplin.

Fraktionen sind in Deutschland zwar nicht ausdrücklich in der Verfassung verankert, aber in Art. 53 a Abs. 1 Satz 2 dtGG erwähnt, was zumindest deutlich macht, dass das Grundgesetz ihre Existenz voraussetzt und anerkennt. In Ungarn hingegen erkennt Art. 5 Abs. 4 ungGG ausdrücklich das Recht der Abgeordneten an, Fraktionen zu bilden; das Nähere regeln die Geschäftsordnungsvorschriften.

Ein Fraktionswechsel ist in Deutschland viel einfacher als in Ungarn, trotzdem kommt er sehr selten vor. In Ungarn muss ein Abgeordneter sechs Monate warten, bis er einer anderen Fraktion beitreten kann. Im Bundestag ist keine Wartezeit vorgesehen. Während es im Bundestag zwischen 1990 und 2015 lediglich zu dreimal zu einem Fraktionswechsel gekommen ist (dabei erfolgten Aus- und Eintritt einmal gleichzeitig, einmal innerhalb einer Woche und einmal ein Jahr später), waren in Ungarn in allen Wahlperioden mindestens 5% der Abgeordneten für eine gewisse Zeit fraktionslos. Mehrfach erfolgten auch Fraktionsauflösungen, was die Zahl der Fraktionslosen erhöhte. Die Mehrheit dieser Fraktionslosen trat später in eine andere Fraktion ein.

Die Fraktionen sind in Deutschland im Organstreitverfahren vor dem Bundesverfassungsgericht parteifähig, ebenso wie in Verfahren vor den ordentlichen Gerichten. In Ungarn sind nur gerichtliche Streitigkeiten möglich, ein Forum für Parlamentsrechtsstreitigkeiten gibt es nicht, denn das Verfassungsgericht verfügt nicht über diese Befugnis.

Die folgende Tabelle zeigt die Zahl der Fraktionslosen am Anfang und am Ende der Wahlperioden sowie die Zahl der Abgeordneten, die während der Wahlperiode für eine gewisse Zeit fraktionslos waren. In Deutschland ist die Fraktionslosigkeit eine Seltenheit, in Ungarn hingegen kommt sie relativ häufig vor. In Deutschland ist es praktisch nie vorgekommen, dass ein Abgeordneter als Fraktionsloser die Arbeit im Bundestag begonnen hat, während in Ungarn zumindest Einige dies geschafft haben – 2014 sogar neun Abgeordnete. Sie gehörten kleineren Parteien, die bei den Parlamentswahlen eine gemeinsame Liste bildeten, an und haben die Mindestzahl zur Fraktionsgründung, nämlich fünf Abgeordnete, nicht erreicht. Im Bundestag ist für eine Fraktionsbildung ein Minimum von 5% der Abgeordneten erforderlich, eine höhere Hürde als in Ungarn, wo 5 – in bestimmten Fällen sogar 3 – von 199 Abgeordneten ausreichen.

Fraktionen	Fraktionslose am Beginn der WP	Fraktionslose am Ende der WP	Abgeordnete, die während der Wahlperiode fraktionslos waren
DE: 12. WP	0	6	7
HU: 1990–1994	7	37	66
DE: 13. WP	0	1	2
HU: 1994–1998	1	23	52
DE: 14. WP	0	1	2
HU: 1998–2002	1	20	26
DE: 15. WP	2 (PDS)	3	4
HU: 2002–2006	0	11	27
DE: 16. WP	0	3	3
HU: 2006–2010	1	14	16
DE: 17. WP	0	1	1
HU: 2010–2014	1	27	keine Angabe
DE: 18. WP	0	?	?
HU: 2014–	9	?	?

VI. Fazit

Das deutsche und das ungarische Parlament sind sich in vieler Hinsicht ähnlich. Die Parallelen bei der Grundstellung der Regierung gegenüber dem Parlament, der Arbeitsverteilung zwischen Plenum und Ausschüssen und der Rolle und Rechtstellung der Fraktionen sind gut erkennbar. Es gibt jedoch auch wichtige Unterschiede. In Ungarn hat die Regelung des Parlamentsrechts eine komplexe, detaillierte, präzise und doch teilweise unüberschaubare Charakteristik. In Deutschland ist die Regelung einfacher, und die Geschäftsordnung regelt nicht alle Vorgehen und alle möglichen Schritte. Das fällt besonders bei der unterschiedlichen Regelung des Gesetzgebungsverfahrens auf. In Ungarn ist jeder Schritt gründlich umschrieben, im Bundestag hingegen nur die wichtigste Elemente, und viel Raum wird für Konsens und informelle Lösungen gelassen. Es scheint so, dass im Bundestag die politischen Kräfte mehr Vertrauen ineinander oder in konsensuale Lösungen haben als in Ungarn, wo der Geschäftsordnungsgeber von vornherein alle Obstruktions- oder Blockademöglichkeiten mit einer detaillierten Regelung vermeiden wollte. In Ungarn wird mehr von der Parlamentsmehrheit entschieden, und als Folge tendiert die Opposition zu radikalen Mitwirkungsmaßnahmen, zu Blockade oder Obstruktion – ein Kompromiss ist nämlich nicht erforderlich, die Mehrheit kann den Parlamentsbetrieb ohne Kompromiss mit der Opposition weiterführen. Die Geschäftsordnung wird in der ungarischen Praxis als Maßstab angesehen, dessen Einhaltung für die parlamentarische Arbeit unerlässlich ist. In Deutschland hingegen werden Geschäftsordnungsregeln häufig lediglich als Hilfsmittel angesehen, die nur nötig sind, wenn die Beteiligten keine bessere Lösung für sich finden.

Die präziseren ungarischen Regeln sind nicht immer minderheitsfreundlich, sondern sollen vor allem dafür sorgen, dass die Arbeit des Parlaments ungestört funktionieren kann. Minderheitsrechte sind in Deutschland in größerem Maße anerkannt. Ein Beispiel ist die Regelung der Untersuchungsausschüsse. Regierungsmehrheit und Opposition sind gleichrangige Parteien bei der Bestimmung der Tagesordnung des Bundestages, während in Ungarn die Tagesordnung von der die Regierung tragenden Mehrheit dominiert wird.

Was den Fraktionsstatus und die Parlamentsöffentlichkeit angeht, haben – im Gegensatz zu dem von Fraktionen dominierten und teilweise hinter verschlossenen Türen verhandelnden Bundestag – fraktionslose Abgeordneten in Ungarn fast die gleichen Mitwirkungsmöglichkeiten wie die Fraktionsangehörigen, und Verhandlungen aller parlamentarischen Foren (Plenum, Ausschuss) sind öffentlich.

Verfassungsrichter Dr. Tamás Sulyok, Ph.D.
stud. iur. Mónika Tóth

Universität Szeged, Lehrstuhl für Verfassungsrecht

Die Auswirkungen des Inkrafttretens des ungarischen Grundgesetzes auf die Tätigkeit des ungarischen Verfassungsgerichts

Abstract: The new Hungarian Basic Law has caused significant changes in the position and in the work of the Hungarian Constitutional Court. This essay concentrates on the changes in the system of the protection of basic rights. The abolition of the actio popularis as well as the introduction of a constitutional complaint against court decisions radically changed the Court's procedural framework. Furthermore, the new Basic Law provides for a partially modified legal basis of the basic rights, thus forcing the Court to develop new interpretations. Examples of intertwining continuity and change in the Court's practice are the freedom of the media and of information, the protection of private life and of the family, the freedom of religion, criminal prosecution and, as a new field of constitutional jurisprudence, the foreign currency-based loans.

Inhalt

I. Einleitung

Das ungarische Grundgesetz (fortan: ungGG) ist am 1. Januar 2012 in Kraft getreten, und gleichzeitig wurde die vorherige Verfassung Ungarns außer Kraft gesetzt. Das ungGG stand seit seiner Geburt im Mittelpunkt politischer und rechtlicher Diskussionen und wurde durch die europäischen Laboratorien der Rechtsstaatlichkeit – insbesondere durch die Venedig-Kommission – gründlich geprüft und mehrfach heftig kritisiert.

Welche die echten Gründe dieser ungewöhnlich starken Ressentiments waren, kann vielleicht nur in einer geschichtlichen Perspektive genau definiert werden. Manche Elemente der Kritik sind jedoch auch jetzt schon greifbar. So hatten die europäischen Demokratien nämlich Angst vor den Folgen der repräsentativen Demokratie, d.h. vor der Möglichkeit, dass eine politische Gruppe eine größere Mehrheit als eine Zweidrittelmehrheit in den politischen Entscheidungsgremien erringt.

Daneben war die Geburt des ungGG auch deswegen problematisch, weil die nagelneue ungarische Verfassung in der Region Mittel- und Osteuropa völlig unerwartet erlassen wurde. Alle anderen mittel- und osteuropäischen Länder hatten seinerzeit fast sofort nach der Wende neue Verfassungen verabschiedet.

Das Zustandekommen des ungGG wurde und wird geschichtlich und politologisch intensiv aufgearbeitet, so möchte ich mich mit diesem Problem nicht mehr beschäftigen.[1]

Ich würde lieber über die wichtigsten verfassungsrechtlichen Auswirkungen sprechen, die das ungGG und seine Anwendung im Tätigkeitsbereich des ungarischen Verfassungsgerichts (fortan: ungVfG) bewirkt. Diese verfassungsrechtlichen Auswirkungen können in zwei Gruppen eingeteilt werden: einerseits die Auswirkungen der Änderung des Verfahrensrechts und andererseits die Auswirkungen der Änderung des materiellen Rechts.

1 Zum Zustandekommen s. auch den Beitrag von *H. Küpper* in diesem Band, Punkt II. 1.

II. Auswirkungen der Änderung des Verfahrensrechts im Grundrechtschutz

1. Das Ende der actio popularis

Das ungVfG bekam schon bei seiner Geburt eine weltweit ungewohnte und seltsame Kompetenz: Jedermann war auch ohne persönliches Interesse berechtigt, beim ungVfG eine abstrakte Normenkontrolle zu beantragen. Diese Popularklage brachte das ungVfG wegen der unmöglichen Menge der Eingaben an den Rand der Funktionsfähigkeit, und das Gewicht wurde fast vollständig auf die abstrakte Normenkontrolle gelegt, während der Grundrechtsschutz durch die konkrete Normenkontrolle ganz nebensächlich wurde.

Diese Lage stammte aus der Zeit der vorherigen Verfassung, die den Grundrechtsschutz durch die Gerichtsbarkeit gar nicht geregelt hatte. So hatten die Gerichte unter der vorherigen Verfassung keine rechtlich definierte Kompetenz, die Verfassung anzuwenden oder auszulegen. Die Gerichte brauchten also in einem Prozess, in dem Grundrechte betroffen waren, die Verfassung nicht anzuwenden, weshalb Rechtstreitigkeiten nur aufgrund des einfachen Rechtes beurteilt wurden.

Das ungVfG war früher nicht berechtigt, die Verfassungsmäßigkeit von Gerichtentscheidungen zu prüfen. Als einzige Möglichkeit des individuellen Grundrechtschutzes gab es die konkrete Normenkontrolle, die sich gegen die gerichtliche Anwendung einer verfassungswidrigen Gesetzesstelle richtete.

Das ungGG hat die verfassungsgerichtliche Justiziabilität der Grundrechte nach deutschem Vorbild geschaffen. Seit dem 1.1.2012 haben die ungarischen Gerichte das ungGG anzuwenden und das einfache Recht im Einklang mit dem ungGG auszulegen. Parallel dazu hat das ungVfG die Kompetenz bekommen, den Einklang von Gerichtsentscheidungen mit dem ungGG zu überprüfen und als *ultima ratio* die Gerichtsentscheidungen zu annullieren.

2. Der Anfang des institutionellen Grundrechtsschutzes

Das prozessrechtliche Instrument für den neuen institutionellen Grundrechtsschutz war die Einführung der Urteilverfassungsbeschwerde in Art. R) Abs. 2, Art. 2 Abs. 2 Buchst. d), Art. 28 ungGG, während das materiell-rechtliche Instrument in dem Gebot an die Gerichte liegt, das einfache Recht verfassungskonform auszulegen, wie nunmehr Art. R) Abs. 2, Art. 28 ungGG vorgeben. Danach haben die Gerichte das einfache Recht im Einklang mit dem ungGG auszulegen und anzuwenden.

Gemäß diesem verfassungskonformen Auslegungsgebot hat der Richter eine zweifache Aufgabe: die grundrechtlichen Bezüge des Falles zur Kenntnis zu nehmen und das ungarische Grundgesetz - unter Berücksichtigung der Rechtsprechung des ungVfG - auszulegen und anzuwenden. Im Zuge der Anwendung des ungGG hat der Richter jene Auslegung des anzuwendenden einfachen Rechtes zu finden, die mit dem ungGG in Einklang steht.

Stellt der Richter fest, dass eine solche verfassungskonforme Auslegung des einfachen Gesetzes – unter Berücksichtigung der diesbezüglichen Rechtsprechung des ungVfG - nicht existiert, so soll er gemäß Art. 24 Abs. 2 Buchst. b) ungGG, § 25 Gesetz über das Verfassungsgericht[2] die betroffene Gesetzesstelle dem ungVfG wegen Annullierung vorlegen. Existiert aber eine verfassungskonforme Auslegung der betroffenen Gesetzstelle, muss der Richter diese seiner Gesetzesauslegung zugrunde legen.

Es kommt naturgemäß häufiger vor, dass der Standpunkt einer Prozesspartei über die Verfassungskonformität der gewählten Auslegung nicht mit dem des Richters übereinstimmt. In diesem Fall kann die Partei zwischen zwei prozessualen Möglichkeiten wählen: Jede Partei kann bei dem Richter anregen, den oben erwähnten Weg einzuschlagen und beim ungVfG die Annullierung der betroffenen Gesetzesstelle zu beantragen, wenn sie der Ansicht ist, dass die anzuwendende Gesetzesstelle nicht verfassungskonform ausgelegt werden kann.

Die andere Möglichkeit ist, gegenüber der rechtskräftigen Entscheidung des Gerichtes eine Verfassungsbeschwerde einzulegen. Die Verfassungsbeschwerde bietet auf zwei Wegen Grundrechtsschutz: Es kann beantragt werden,

- dass das ungVfG die vom Richter angewandte verfassungswidrige Rechtsnorm annulliert (konkrete Normenkontrolle), oder
- dass das ungVfG die richterliche Entscheidung, die ein verfassungsmäßiges subjektives Recht des Beschwerdeführers verletzt, annulliert (Urteilverfassungsbeschwerde).

Zusammenfassend hat das ungGG auf dem Gebiet des Verfahrens zum Grundrechtsschutz drei entscheidend neue Elemente gebracht:

- die Gerichte haben das ungGG unmittelbar anzuwenden,
- die Gerichte haben das einfache Recht im Einklang mit dem ungGG auszulegen,

2 Gesetz 2011:CLI über das Verfassungsgericht, in deutscher Übersetzung von *Daniel Pöschl* abgedruckt in Jahrbuch für Ostrecht 56 (2015) S. 265–292.

- wenn jemand durch eine Gerichtsentscheidung in seinen Grundrechten verletzt ist, kann er beim ungVfG die Annullierung der Gerichtsentscheidung beantragen, wenn die Grundrechtsverletzung aus einer verfassungswidrigen gerichtlichen Rechtsauslegung oder Rechtsanwendung folgt.

3. Die Kompetenzbeschränkung bei der Normenkontrolle gemäß Art. 37 Abs. 4 ungGG

Art. 37 Abs. 4 ungGG lautet: „Solange die Staatsverschuldung die Hälfte des Bruttoinlandsprodukts überschreitet, kann das Verfassungsgericht in seinen Zuständigkeiten in Art. 24 Abs. 2 Buchst. b)-e) die Übereinstimmung von Gesetzen über den zentralen Haushalt, über die Durchführung des zentralen Haushalts, über die zentralen Steuerarten, über Gebühren und Beiträge, über Zölle sowie über die zentralen Bedingungen der örtlichen Steuern mit dem Grundgesetz ausschließlich im Zusammenhang mit dem Recht auf Leben und auf Menschenwürde, mit dem Recht auf Schutz der persönlichen Daten, mit dem Recht auf Freiheit der Gedanken, des Gewissens und der Religion oder mit den Rechten, die an die ungarische Staatsbürgerschaft anknüpfen, überprüfen und wegen deren Verletzung aufheben. Das Verfassungsgericht ist berechtigt, auch die in diesen Gegenstandsbereich gehörenden Gesetze ohne Beschränkung aufzuheben, falls die Verfahrensvoraussetzungen im Grundgesetz in Bezug auf den Erlass und die Verkündung des Gesetzes nicht erfüllt sind.“[3]

Der provisorische Verlust der Normenkontrollkompetenz des ungVfG im Zusammenhang mit Rechtsvorschriften des Finanzwesens bleibt bis auf Weiteres ein „gähnendes Loch“, wie es der frühere Präsident des ungVfG, Dr. *Péter Paczolay*, apostrophierte,[4] und wir hoffen, dass dieser provisorische Zustand nicht mehr lange dauern wird.

---

3 Diese und folgende Übersetzungen von Textstellen des ungGG von *H. Küpper* in *Küpper, Herbert*: Ungarns Verfassung vom 25. April 2011. Einführung – Übersetzung – Materialien, Studien des Instituts für Ostrecht München Bd. 70, Frankfurt/Main: Peter Lang Verlag, 2012, S. 199–260, und in *Hufeld, Ulrich / Epiney, Astrid / Merli, Franz* (Hrsg.): Europäisches Verfassungsrecht, 3. Aufl. Baden-Baden 2014, S. 742–780.

4 *Paczolay Péter*: Az Alkotmánybíróság alkotmányvédő szerepéről. Alkotmánybírósági Szemle 2014/1.

III. Materiell-rechtliche Auswirkungen des Inkrafttretens des ungGG auf den Grundrechtschutz

Zwar ist das ungGG eine neue Verfassung. Dies bedeutet aber weniger eine charakteristische inhaltliche Abweichung von der vorherigen Verfassung, sondern es ist vor allem die Bedeutung der Endgültigkeit der neuen Verfassung zu betonen. In diesem Sinne ist die Tatsache von zentraler Bedeutung, dass das ungGG als eine endgültige chartalische Verfassung des ungarischen Rechtsstaats des 21. Jahrhunderts in der Europäischen Union gilt, im Gegensatz zu der provisorischen Verfassung des Systemwechsels von 1990. Im Deutschen klingt der Begriff der chartalischen Verfassung vielleicht anders als im Ungarischen, und zwar aus historischen Gründen.

Ungarn hatte bis 1949 keine Verfassung im heutigen Sinne, d.h. keine geschriebene, sog. chartalische Verfassung. Im Laufe der ständischen Bewegungen gegenüber den Habsburgern entstand aber der Begriff der sog. fundamentalen Gesetze (auch „Kardinalgesetze“ genannt), die den Rahmen der sog. historischen Verfassung abstecken. Der Ausdruck Verfassung tauchte – vielleicht nicht zufällig – im Gesetzartikel 1791:X auf, der die Vorrechte der Adeligen erneut bekräftigte. Der Kreis der Gesetze, die als „fundamentale Gesetze“ galten, wurde zwar offiziell nicht festgelegt, in der Öffentlichkeit gab es jedoch ein ziemlich eindeutiges Bild.[5] Die historische Verfassung gilt also nach ungarischer Auffassung als ein öffentlich-rechtlicher Ausdruck der Freiheitskämpfe Ungarns um die Anerkennung der staatlichen Freiheit und die offizielle Verwendung der ungarischen Muttersprache.

Diese historische Verfassung existierte in Ungarn bis 1949. Die nachfolgende kommunistische Verfassung war eine chartalische Verfassung nach dem Muster der Verfassung Sowjet-Russlands von 1936. Sie wurde in der Wende gemäß rechtstaatlichen Ansprüchen geändert. Aufgrund dieser chartalischen Verfassung von 1990 – die sich als provisorische Verfassung des Systemwechsels definierte – hat das ungVfG die Grundlagen des modernen ungarischen Verfassungsrechts gelegt und dadurch die Regelungslücken und -mängel der Nachwendeverfassung neutralisiert.

Das Inkrafttreten des ungGG brachte dem ungVfG eine zweifache Aufgabe: Es sollten die vom ungVfG aufgrund der Nachwendeverfassung ausgearbeiteten „alte Werte“ aufgehoben werden, und parallel sollten auch die „neuen Werte“ der ungGG entfaltet werden. Um Missverständnisse zu vermeiden, soll zuerst betont werden, dass sowohl die alten als auch die neuen Werte zu denen der modernen

---

5 *Werner Heun / Volker Lipp* (Hrsg.): Europäisierung des Rechts. Deutsch-Ungarisches Kolloquium, Göttinger Juristische Schriften, Budapest 2007, S. 19.

europäischen Rechtsstaatlichkeit gehören, d.h. durch das Inkrafttreten des ungGG wurde kein absolut neues Wertsystem, keine absolut neue Wertordnung errichtet.

Das ungGG versucht die rechtstaatliche Wertordnung Ungarns einheitlich und langfristig zu definieren.[6] Zu diesem Zweck inkorporiert es die Errungenschaften der vorherigen Verfassung in Gestalt der wesentlichen Elemente der Rechtsprechung des ungVfG sowie einige Regeln des Grundrechtsschutzes der Europäischen Grundrechtecharta. Inwieweit und mit welcher Tiefe der Verfassunggeber wirklich eine neue Verfassung zu geben beabsichtigte, zeigt uns die Geschichte über der Anwendungsmöglichkeit der Rechtsprechung des ungVfG von vor dem 31. Dezember 2011, d.h. der unter der alten Verfassung entwickelten Verfassungsrechtsprechung. Das ungGG setzte die vorherige Verfassung zum 1. Januar 2012 außer Kraft. So hatte das ungVfG zu entscheiden, wie seine Rechtsprechung zu der außer Kraft getretenen Verfassung in der Zukunft angewendet werden kann.

In dem Beschluss 22/2012. (V. 11.) AB vertrat das ungVfG folgenden Standpunkt: Es kann in neuen Fällen die Argumente seiner Rechtsprechung aufgrund der vorherigen Verfassung auch in der Zukunft verwenden, wenn die Verwendung aufgrund identischer oder ähnlicher Regeln des ungGG im Vergleich zu der vorherigen Verfassung möglich ist. Die auf jene Grundwerte, Menschenrechte und Freiheiten bezogenen Festlegungen der Rechtsprechung des ungVfG von vor dem 1. Januar 2012, die nicht grundsätzlich verändert wurden, blieben also weiterhin gültig. Theoretische Feststellungen der auf der vorherigen Verfassung basierten Rechtsprechung sind auch für die zukünftige Rechtsprechung des ungVfG sinngemäß maßgebend. Dies bedeutete aber nicht die mechanische Übernahme der Feststellungen der vorherigen Rechtsprechung, sondern die Gegenüberstellung und sorgfältige Abwägung der Regeln der vorherigen Verfassung und des ungGG. Blieb die verfassungsrechtliche Regelung unverändert oder sind altes und neues Recht in wesentlichem Maße ähnlich, sollte die Übernahme nicht gehindert sein. Insofern musste bei textlicher Übereinstimmung oder wesentlicher Ähnlichkeit zwischen der Regelung der vorherigen Verfassung und des ungGG eher die Abweichung von der alten Rechtsprechung als ihre Übernahme besonders begründet werden.

Den Verfassungsgeber konnte diese Auffassung des ungVfG wohl nicht befriedigen, denn die vierte Änderung des ungGG vom 25. März 2013 fügte in die Schlussbestimmungen des ungGG mit Wirkung vom 1. April 2013 an den folgenden Punkt 5 ein: „Die vor dem Inkrafttreten des Grundgesetzes erlassenen

6 Zum Vorwurf der politischen Einseitigkeit der Werteordnung des ungGG s. den Beitrag von *H. Küpper* in diesem Band, Punkt II. 2.

Verfassungsgerichtsurteile verlieren ihre Geltung. Diese Bestimmung lässt die Rechtswirkungen, die diese Urteile entfalten, unberührt."[7]

Das ungVfG musste also aufgrund der vierten Änderung des ungGG seinen Standpunkt zu der Anwendbarkeit der vorherigen Rechtsprechung überprüfen. Dies ist in dem Beschluss 13/2013. (VI. 17.) AB erfolgt. Die wichtigsten Entscheidungsgründe waren folgende: Obwohl das ungVfG die Argumentationen und Festlegungen seiner vorherigen Rechtsprechung verwendet hat, war der Rechtsgrund seiner Entscheidungen immer die entsprechende Regel der jeweils geltenden Verfassung. Die genannte Änderung des ungGG brachte laut der Beurteilung des ungVfG nur in zwei Fragen eine tatsächliche Änderung im Vergleich zu dem im Beschluss 22/2012. formulierten theoretischen Rahmen. Seit dem 1. April 2013 muss das ungVfG seinen Beschluss bei textlicher Übereinstimmung oder wesentlicher Ähnlichkeit zwischen der Regelung in der vorherigen Verfassung und im ungGG mit genügender Ausführlichkeit begründen – das heißt, dass die Begründungslast des ungVfG um 180 Grad gedreht wurde. Dem ungVfG ist es möglich geworden, die in der vorherigen Rechtsprechung ausgesprochenen Rechtsprinzipien auch bei der textlichen Übereinstimmung zwischen der Regelung in der vorherigen Verfassung und im ungGG außer Acht zu lassen. Aber dem ungVfG ist es ebenfalls möglich geblieben, die Rechtsprinzipien, Argumente und verfassungsrechtlichen Zusammenhänge in der vorherigen Rechtsprechung unter der Bedingung weiterhin anzuwenden, dass die Anwendbarkeit dieser Festlegungen aufgrund der Auslegungsvorschriften des ungGG und aufgrund der Umstände des konkreten Falles nicht gehindert ist. Es ist nunmehr allerdings nötig, diese Elemente in die Begründung des zukünftigen Beschlusses einzubauen. Die erwähnten Anwendungsbedingungen für alte Verfassungsrechtsprechung sind folgende:

- der gegebene Artikel des ungGG stimmt mit der vorherigen Verfassung inhaltlich überein, oder
- es besteht eine kontextuelle Übereinstimmung mit dem ungGG als Ganzes.

Die Anwendbarkeit wird vom ungVfG vom Fall zu Fall geprüft.

Zusammenfassend kann festgestellt werden, dass das ungVfG seine vorherige Rechtsprechung weiterhin anwenden darf, wenn eine inhaltliche oder kontextuelle Übereinstimmung besteht und wenn die konkrete Anwendbarkeit mit Blick auf die ungVfG von Fall zu Fall genügend begründet wird. Die Rechtswirkungen

7 Zu den Reaktionen im Ausland auf diese Klausel s. den Beitrag von *H. Küpper* in diesem Band, Punkt II. 5. b) bb).

der vorherigen Rechtsprechung wurden also von dem ungVfG – entgegen der vermutlichen Absicht hinter der vierten Änderung des ungGG - bewahrt. Die sog. „alten Werte", die Errungenschaften der 25 Jahre ungarischer Verfassungsgerichtbarkeit gelten also – vorbehaltlich einer Begründungspflicht - weiterhin.

IV. Die Entfaltung der neuen Werte

1. Der Wertgehalt des neuen Rechts

Eine der ewigen Diskussion des verfassungsrechtlichen Denkens dreht sich darum, ob das Recht irgendwelche Werte in sich trägt. Das ungVfG legte aufgrund der vorherigen Verfassung das Gewicht auf die Sicherung der Macht des Rechts über die Politik. Dieser Ausgangspunkt wurde immer mit der Bemerkung gerechtfertigt, dass der Primat des Rechtes in engem Zusammenhang mit dem Recht als Wert an sich stehe, um dem Recht gegenüber der sich immer wandelnden Politik eine gewisse Stabilität und Beständigkeit zu verleihen.

Das Recht als Wert an sich, der reine und pure Inhalt der Norm gilt einem Juristen immer als eine ewige Herausforderung, die Reinheit der Norm durch Rechtsanwendung und Auslegung zur Geltung zu bringen. Gewisse gesellschaftliche und historische Umstände zeigen uns jedoch, dass eine Gesellschaft in manchen historischen Situationen die Werte des Rechts an sich ohne außerrechtliche Werte nicht mehr wahren will. Das Recht trägt also nicht nur Werte an sich, sondern auch allgemeine gesellschaftliche Werte oder eben grundlegende Elemente der Identitätsbildung einer menschlichen Gemeinschaft als spezifische Werte in sich. Während die Rechtsprechung des ungVfG zu der vorherigen Verfassung das Gewicht eher auf die Wertneutralität und die Entfaltung der allgemeinen Werte legte, versuchte der Verfassunggeber in dem ungGG einige Elemente der nationalen Identität zu definieren und dadurch auch einen gruppenspezifischen Wertgehalt des Rechts zur Entfaltung zu bringen.

Obwohl der ungarische Verfassunggeber in das ungGG keine Ewigkeitsklausel vergleichbar mit Art. 79 Abs. 3 dtGG einfügte, wurden doch die Grundsteine der Verfassungsidentität Ungarns im ungGG niedergelegt. Deren wirkliche Entfaltung bleibt weiterhin die Aufgabe des ungVfG.

2. Das Nationale Bekenntnis und die Errungenschaften der historischen Verfassung als Auslegungsrahmen

Zur Entfaltung des Wertinhaltes des Verfassungsrechts legt das ungGG in Art. R) Abs. 3 ein neues Auslegungsgebot fest: „Die Bestimmungen des Grundgesetzes sind in Übereinstimmung mit dessen Zweck, mit dem darin enthaltenen

Nationalen Glaubensbekenntnis und mit den Errungenschaften unserer historischen Verfassung auszulegen."

Die historische Verfassung ist kein gültiges Verfassungsrecht mehr, als gültige Verfassung gilt nur das ungGG. Die historische Verfassung ist sowieso eine besondere Verfassungsart, wie oben bereits beschrieben wurde.

Art. R) Abs. 3 ungGG scheint also ein Paradoxon zu tragen: Wie kann eine *gültige* und wirksame Verfassung aufgrund einer *nicht mehr gültigen* und *nicht mehr wirksamen* Verfassung ausgelegt werden? Insbesondere: Was ist eigentlich unter den Errungenschaften der historischen Verfassung zu verstehen?

Das ungVfG wandte das genannte Auslegungsgebot zum ersten Mal 2012, im Jahr des Inkrafttretens des ungGG, im Zuge der Normenkontrolle in Bezug auf das Gesetz über die Zwangspensionierung der Richter mit 62 Jahren an und stellte fest, dass „es zum Minimum der konsolidierten Auslegung der ungarischen historischen Verfassung gehört zu akzeptieren, dass die die bürgerliche Entwicklung im 19. Jh. konstituierenden Gesetze einen Teil der historischen Verfassung bilden".[8]

Daneben grenzte das ungVfG die Möglichkeit der Auslegung des ungGG in Zusammenhang mit der historischen Verfassung genau ein: Diese Auslegung kann die Argumente einer Entscheidung verstärken, aber nicht alleine legitimieren.[9] Einige Juristen wie *László Sólyom*[10] und *Imre Juhász*[11] sind der Auffassung, dass auch die Beschlüsse des ungVfG zwischen 1990 und 2011 als Errungenschaften der historischen Verfassung weiterleben, mit Rücksicht darauf, dass diese Beschlüsse durch die vierte Änderung des ungGG vom 1.4.2013 an außer Kraft gesetzt worden sind. Eine so weite Auffassung von den Errungenschaften der historischen Verfassung hat eindeutig zur Folge, dass auf diese Errungenschaften in der Rechtsprechung des ungVfG regelmäßig Bezug genommen würde, da fast jede Entscheidung einen Bezug auf die „alte" Rechtsprechung enthält.

---

8 Beschluss 33/2012. (VII. 17.) AB des ungVfG. Näher hierzu der Beitrag von *P. Darák* in diesem Band, Punkt II.

9 *Csink Lóránt*: Az AB határozata a bírói hivatás felső korhatárának szabályairól. Az elmozdíthatatlanság alkotmányjogi fogalma. Jogesetek Magyarázata 2012/4, S. 15.

10 *Sólyom László*: Alkotmány és alkotmányos kultúra Magyarországon. 21. Nationalkonferenz der Geschichtslehrer, 8.10.2011. Einsehbar unter: http://www.tte.hu/toertenelemtanitas/toertenelemtanarok-orszagos-konferenciaja/7356-solyom-laszlo-alkotmany-es-alkotmanyos-kultura-magyarorszagon.

11 Beschluss 21/2013. (VII. 19.) AB des ungVfG, abweichende Meinung des Verfassungsrichters *Imre Juhász*; *Szakály Zsuzsa*: A történeti alkotmány és az alkotmányos identitás az Alaptörvény tükrében (in Bearbeitung).

Diese dargestellte Auffassung kann jedoch nicht als allgemein anerkannte Mehrheitsmeinung betrachtet werden. Die zukünftigen Grenzsteine der Errungenschaften der historischen Verfassung werden durch das ungVfG markiert: Sie wurden in etlichen Beschlüssen des ungVfG als Auslegungshilfe verwendet.

So blickte der Beschluss 22/2014. (VII. 15.) AB auf die Vorgeschichte des Verfahrens gegen abwesende Angeklagte zurück und zog die Vorschriften des Gesetzesartikels 1896:XXXIII über die Strafprozessordnung heran. Im Zuge der Prüfung von staatskirchenrechtlichen Vorschriften erwähnt der Beschluss 6/2013. (III. 1.) AB die Errungenschaften der historischen Verfassung im Bereich der Religionsfreiheit. Im Beschluss 28/2014. (IX. 29.) AB rechnet das ungVfG die Pressefreiheit unter Hinweis auf die 12 Punkte der Revolution und des Freiheitskampfs von 1848 und auf die Aprilgesetze des gleichen Jahres zu den Errungenschaften der historischen Verfassung. Im Beschluss 34/2014. (XI. 14.) AB führt das ungVfG anlässlich der Kontrolle der Vorschriften über Devisenkredite bezugnehmend auf das Verbot sittenwidriger Geschäfte aus, dass dieses Verbot Teil sowohl der gemeinsamen europäischen Verfassungstraditionen als auch der Errungenschaften der ungarischen historischen Verfassung ist.

V. Die wichtigsten Entscheidungen seit Anfang 2012

Diese Auswahl stammt teilweise von *Péter Paczolay*.[12]

1. Presse- und Redefreiheit

Der Beschluss 7/2014. (III. 7.) AB betrifft die Presse- und Redefreiheit. In diesem Beschluss wurde der Satzteil „aus berücksichtigenswerten öffentlichen Interessen" in den Vorschriften des neuen BGB,[13] die den Ausgleich von Persönlichkeitsschutz und Presse- und Redefreiheit regeln, vom ungVfG für verfassungswidrig erklärt und annulliert.

Die Ombudsperson wandte sich noch vor dem Inkrafttreten des BGB mit einem Antrag auf nachträgliche Normenkontrolle an das ungVfG. Die Vorschrift sah nämlich vor, dass der Schutz der Persönlichkeitsrechte von Personen des öffentlichen Lebens nur bei Nachweis eines berücksichtigenswerten öffentlichen Interesses zugunsten der Meinungsfreiheit beschränkt werden dürfe.[14] Das ungVfG schloss sich den Bedenken der Ombudsperson an.

---

12 *Paczolay Péter* (Fn. 188).

13 § 2:44 Gesetz 2013:V über das Bürgerliche Gesetzbuch.

14 Beschluss 7/2014. (III. 7.) AB des ungVfG; *Paczolay Péter* (Fn. 188).

2. Informationsfreiheit

In Bezug auf den Zugang zu Daten von öffentlichem Interesse erklärte das ungVfG im Beschluss 21/2013. (VII. 19.) AB unter Berufung auf seinen vorherigen Beschluss 32/1992. (V. 29.) AB,[15] dass der freie Zugang zu Informationen von öffentlichem Interesse die demokratische Tätigkeit fördere. Es wies auch darauf hin, dass der Zweck des Grundrechts die Kenntnis und Verbreitung der Daten von öffentlichem Interesse ist, was aus dem Nationalen Bekenntnis (der Präambel der Verfassung) folge. Also kann die Öffentlichkeit von Daten, die zur Begründung einer Entscheidung dienen, nur aufgrund strenger Erfordernisse beschränkt werden.

Dass der Zweck der beanspruchten Daten der Begründung einer Entscheidung dient, bedeutet nicht geradewegs, dass die Daten von öffentlichem Interesse der Öffentlichkeit zugänglich gemacht werden müssen. Gemäß Beschluss 2/2014. (II. 21.) AB verlangt das ungGG, dass der Leiter des Nationalen Sicherheitsdiensts die Informationserteilung nicht nach seinem freien Ermessen verweigern darf. Die Weigerung, Daten von öffentlichem Interesse zugänglich zu machen, kann nur durch das nationale Sicherheitsinteresse oder durch die Verletzung der Rechte von Anderen gerechtfertigt werden.[16]

Anlass des Beschlusses 3/2015. (II. 2.) AB war ein Urteil eines Verwaltungsgerichtes, das einen Beschluss der Finanzbehörde genehmigte, der ein Presseorgan zur Zahlung einer Geldstrafe verpflichtet hatte. Das ungVfG stellte in der Urteilsbegründung fest, dass das Verwaltungsgericht die grundrechtsbezogenen Erklärungen der Prozessparteien gar nicht berücksichtigt hatte, weshalb es den konkreten verfassungsrechtlichen Gehalt der Meinungsfreiheit in dem Fall nicht geprüft hatte. Dieser Fall zeigt, dass die Gerichte trotz des Inkrafttretens des Grundgesetzes die Erwägung grundrechtlicher Sachverhalte noch weiterhin ablehnen.

Das ungVfG annullierte die gerichtliche Entscheidung und hat in der Begründung Folgendes festgestellt:

„Demgegenüber ist es aufgrund von Art. 28 ungGG die verfassungsrechtliche Pflicht der Gerichte, dass sie die vorliegende Angelegenheit unter Berücksichtigung der für die Beschränkung der Pressefreiheit maßgeblichen verfassungsrechtlichen Gesichtspunkte und der Verfassungsgerichtsbeschlüsse, die diese entfalten, beurteilen und den Verwaltungsakt der Ungarischen Nationalbank aufgrund einer

15 In deutscher Übersetzung abgedruckt in *Brunner, Georg / Sólyom László*: Verfassungsgerichtsbarkeit in Ungarn. Analysen und Entscheidungssammlung 1990–1993, Baden-Baden 1995, S. 384–389.

16 Beschluss 2/2014. (II. 21.) AB des ungVfG; *Paczolay Péter* (Fn. 188).

solchen Auslegung des Verbots der Marktbeeinflussung überprüfen, die nicht den verfassungsrechtlichen Gehalt der Pressefreiheit verletzt. Es geht nicht darum, dass das Gericht seine Entscheidung unmittelbar auf diese Bestimmungen des Grundgesetzes stützen müsste, sondern darum, dass es im Zuge der Auslegung der von ihm anzuwendenden Rechtsvorschrift [...] und deren Anwendung auf einen konkreten Sachverhalt alle relevanten verfassungsrechtlichen Gesichtspunkte zu berücksichtigen hat."[17]

3. Schutz der Privatsphäre

In dem Beschluss 9/2014. (III. 21.) AB erklärte das ungVfG die Bestimmung des Gesetzes über die nationale Sicherheit für verfassungswidrig, die es erlaubte, gegen die der Kontrolle des nationalen Sicherheitsdienstes unterliegenden Personen in bestimmten öffentlichen Dienstverhältnissen während des Bestehens dieses Dienstverhältnisses zweimal pro Kalenderjahr eine geheime Informationssammlung durchzuführen.[18] Auf seinen früheren Beschluss 2/2007. (I. 24.) AB bezogen erklärte das ungVfG, dass durch die Anwendung geheimer Mittel das Recht auf Achtung des Privat- und Familienlebens, der Wohnung und des Briefverkehrs und damit verbunden auch das informationelle Selbstbestimmungsrecht, das Recht auf Informationsfluss und das Recht auf Schutz personenbezogener Daten verletzt werden. Das ungVfG legte noch dar, dass der Bereich der Rechtsverhältnisse, die dem Recht auf Unverletzlichkeit des Privatlebens unterstehen, durch das ungGG im Vergleich zur vorherigen Verfassung deutlich erweitert worden sei.

Die Änderung des Gesetzes über nationale Sicherheit überschreite das notwendige und proportionale Maß der Beschränkung des Rechts auf Achtung des Privatlebens sowohl durch die Bestimmung über die Dauerhaftigkeit der Kontrolle als auch mit der Durchführung der potentiellen geheimen Informationssammlung.

4. Schutz der Familie

Grundlage des Beschlusses 43/2012. (XII. 20.) AB war ein Antrag der Ombudsperson auf nachträgliche Normenkontrolle. Der Antrag beanstandete, dass im Gesetz nur eine der existierenden Beziehungsformen, nämlich die zwischen einen

17 Beschluss 3/2015. (II. 2.) AB des ungVfG. Näher hierzu der Beitrag von *P. Darák* in diesem Band, Punkt III. 2.

18 Beschluss 9/2014 (III. 21.) AB des ungVfG; *Paczolay Péter* (Fn. 188).

Mann und eine Frau zustande gekommene Ehe,[19] als Grund der Familie i.S.d. ungGG angesehen wurde. Das ungVfG stellte fest, dass die Definition der umstrittenen Bestimmung im Gesetz über den Schutz der Familien nicht mit Art. L) ungGG übereinstimmt, da die gesetzliche Definition im Vergleich zum ungGG restriktiv ist.[20]

5. Religionsfreiheit

Im Beschluss 6/2013. (III. 1.) AB erklärte das ungVfG, dass die staatlichen Entscheidungen zur Anerkennung von Kirchen nicht willkürlich sein dürfen.[21] Eine solche – positive ebenso wie negative – Anerkennungsentscheidung müsse ordentlich begründet werden und es müsse Rechtsschutz dagegen bestehen, da die kirchliche Rechtsstellung für eine religiöse Gemeinschaft eine substantielle, eng mit der Religions- und Glaubensfreiheit verbundene Berechtigung sei. Die Einhaltung von aus der Verfahrensgerechtigkeit herrührenden Anforderungen sei besonders wichtig, damit es außer Zweifel bleibe, dass der Staat gegenüber der betroffenen religiösen Gemeinschaft ohne nachteilige Unterscheidung vorgegangen sei.[22] Diese Kriterien wurden im Beschluss 27/2014. (VII. 23.) AB mit Bezug auf konkrete Fälle angewandt.

6. Verfassung und Strafrecht

Beschluss 8/2013. (III. 1.) AB formulierte als verfassungsrechtliche Anforderung an die Auslegung des einschlägigen einfachen Rechts, dass der dem Beschuldigten *beigeordnete* Verteidiger über Ort und Termin der ersten Vernehmung des Beschuldigten nachprüfbar und ordentlich informiert werden muss, damit er seine in der Strafprozessordnung festgelegten Rechte ausüben und an der Vernehmung des Beschuldigten teilnehmen kann. Fehlt es hieran, ist das Geständnis des Beschuldigten nicht als Beweis verwertbar.

---

19 Zu den verfassungsrechtlichen Aspekten dieser Ehedefinition s. in diesem Band die Beiträge von *B. Schanda*, Punkt VII., und *H. Küpper*, Punkt II. 6. a) bb).

20 Beschluss 43/2012. (XII. 20.) AB des ungVfG. Hierzu und zu der restriktiven Änderung des Art. L) ungGG nach dem Beschluss des ungVfG s. auch den Beitrag von *H. Küpper* in diesem Band, Punkt II. 6) a) bb).

21 Beschluss 6/2013. (III. 1.) AB des ungVfG; *Paczolay Péter* (Fn. 188). Zu Staatskirchenrecht, Religionsfreiheit und allgemein religiösen Bezügen im ungGG s. den Beitrag von *B. Schanda* in diesem Band.

22 Beschluss 6/2013. (III. 1.) AB des ungVfG.

Im Beschluss 34/2013. (XI. 22.) AB legte das Gericht dar, dass es eine aus der Verfahrensgerechtigkeit fließende verfassungsrechtliche Anforderung ist, dass der Ermittlungsrichter, der vor der Erhebung der Anklage über die Verlängerung der vorläufigen Festnahme entscheidet, aus dem weiteren Gerichtsverfahren ausgeschlossen werden muss.[23]

Aufgrund dessen wurde, auch nach Meinung von *Péter Paczolay*,[24] vom ungVfG die auf der früheren Verfassung beruhende Praxis zu den meisten Grundrechten gefestigt.

7. Devisenbasierte Kredite[25]

Die Lehren aus den Entscheidungen über Devisengeschäfte hängen mit dem oben Erwähnten zusammen. Vor Inkrafttreten des ungGG hatten die Gerichte die Verfassung nicht anzuwenden, weshalb die Grundrechte keine privatrechtliche Wirkung im Sinne einer Ausstrahlungswirkung entfalten konnten. Die Rechtsprechung war also ein Loch in der Verfassung, und auch das führte dazu, dass die gerichtliche Rechtsanwendung die privatrechtlichen Generalklauseln nicht verfassungskonform anwenden oder auslegen musste. Das oberste Gericht hätte wohl keinen Beschluss zur Wahrung der Rechtseinheitlichkeit in dieser Frage erlassen müssen, wenn die Gerichte schon früher bereit gewesen wären, die privatrechtlichen Generalklauseln entsprechend den Wertvorstellungen der Verfassung auszulegen.

---

23 *Paczolay Péter* (Fn. 188).

24 *Paczolay Péter* (Fn. 188).

25 Zur Problematik der devisenbasierten Immobilienkredite s. in deutscher Sprache *Küpper, Herbert*: Ungarn: Devisenbasierte Verbraucherkredite. Textdokumentation mit Einführung. Wirtschaft und Recht in Osteuropa 2015, S. 82–88, S. 110–117, S. 145–149, S. 180–185; *Vécsey, Marc*: Wirkungen des neuen Zinsdeckelungsgesetzes auf die Vernichtbarkeit von Darlehensverträgen in Ungarn. Wirtschaft und Recht in Osteuropa 2012, S. 167–174.

VI. Zusammenstellung der Entscheidungen

1. Die wichtigsten Beschlüsse seit Anfang 2012

Presse- und Redefreiheit	7/2014. (III. 7.) AB
Informationsfreiheit	21/2013. (VII. 19.) AB 2/2014. (II. 21.) AB 3/2015. (II. 2.) AB
Schutz der Privatsphäre	9/2014. (III. 21.) AB
Schutz der Familie	43/2012. (XII. 20.) AB
Religionsfreiheit	6/2013. (III. 1.) AB 27/2014. (VII. 23.) AB
Verfassung und Strafrecht	8/2013. (III. 1.) AB 34/2013. (XI. 22.) AB

2. Anzahl der Entscheidungen

Anzahl der aufgehobenen Gerichtsentscheidungen	ca. 20	
Anzahl der Verfassungsbeschwerden	2013	394 davon echte: 198
	2014	641 davon echte: 220
	bis zum 31. März 2015	413 davon echte: 199

Präsident der Kurie Dr. Péter Darák

Die Beziehung zwischen dem Verfassungsgericht und der Kurie im Spiegel der echten Verfassungsbeschwerde

Abstract: The new Hungarian Basic Law introduced the constitutional complaint against court decisions. This new instrument necessitated a redefinition of the relationship between the ordinary courts and the Constitutional Court. One important aspect is how the ordinary courts handle cases after the Constitutional Court has declared a decision unconstitutional. This essay describes the procedure of the Curia in several precedents after the Constitutional Court quashed decisions either of the Curia itself or of subordinate courts.

Inhalt

I. Die Geschichte der Verfassungsbeschwerde in Ungarn und ihre Neuregelung ab dem 1.1.2012

Das Institut der Verfassungsbeschwerde stellt keine Neuheit im ungarischen Rechtssystem dar, da sie schon in dem vorigen Verfassungsgerichtsgesetz enthalten war. Die wesentlichen Voraussetzungen der Verfassungsbeschwerde blieben unverändert, nämlich:

- die Verletzung eines im Grundgesetz festgelegten Grundrechts,
- der Bürger oder die Organisation muss diese Rechtsverletzung in einem konkreten Fall (Rechtsstreit), an dem er oder sie persönlich interessiert ist, erleiden, und
- die Ausschöpfung der gesetzlich gewährleisteten Rechtsmittel.

1. Was hat sich ab dem 1. Januar 2012 verändert?

1. Als möglicher Fall der Grundrechtsverletzung wird vom Gesetzgeber nicht nur eine im konkreten Fall anzuwendende grundgesetzwidrige Rechtsnorm anerkannt, sondern das neue Recht erlaubt die Verfassungsbeschwerde auch gegen eine richterliche Entscheidung. So stehen die Rechtsanwendung und Rechtsauslegung der Gerichte unter direkter Verfassungsgerichtskontrolle.
2. Die im Fall einer erfolgreichen Verfassungsbeschwerde anzuwendenden Verfahrensregeln wurden ebenfalls verändert. Die Kurie muss – mit Ausnahme von Strafsachen – in allen Fällen, in denen die Grundrechtsverletzung durch ein Gerichtsurteil entstanden ist, das prozessrechtliche Mittel der Beendigung des grundgesetzwidrigen Zustands bestimmen.
3. Die zwei Gegenstände der Prüfung (Rechtsnorm und Gerichtsentscheidung) können auch verbunden werden. In einem Verfassungsbeschwerdeverfahren zur Überprüfung einer richterlichen Entscheidung kann das ungarische Verfassungsgericht auch die Verfassungsmäßigkeit der angewandten Rechtsnorm prüfen.
4. Die sog. unmittelbare Beschwerde stellt eine weitere Neuheit dar. Das Verfahren des Verfassungsgerichts kann ausnahmsweise auch in dem Fall beantragt werden, dass die Grundrechtsverletzung durch die Anwendung oder gar

das bloße Inkrafttreten einer grundgesetzwidrigen Rechtsnorm – also ohne richterliche Entscheidung – entstanden ist und es kein geeignetes Rechtsmittel gibt oder der Beschwerdeführer die gegebenen Rechtsmittel erschöpft hat.
5. Eine wesentliche Neuerung ist die notwendige Prozessvertretung in allen Beschwerdeverfahren vor dem Verfassungsgericht.

Von den aufgezählten Neuerungen ist zweifellos die wichtigste Änderung, dass im Fall einer erfolgreichen Verfassungsbeschwerde nicht nur eine bestimmte Rechtsnorm, sondern auch ein Gerichtsurteil aufgehoben werden kann. Die Rechtsgrundlage für eine echte Verfassungsbeschwerde bestand auch aufgrund der vorigen Verfassung Ungarns, und das Verfassungsgericht hat diese Möglichkeit – wenn auch nur in einem einzigen Fall in 1991 – genutzt. In dem Fall „Jánosi“ [Verfassungsgerichtsbeschluss 57/1991. (XI. 8.) AB] sprach das ungarische Verfassungsgericht nicht nur das Verbot aus, die aufgehobene Rechtsnorm rückwirkend anzuwenden, sondern hob auch das Gerichtsurteil auf, das die gesetzliche Vermutung der Vaterschaft des Beschwerdeführers widerlegte. Das heißt, dass das Verfassungsgericht in diesem konkreten Fall über das Rechtsverhältnis selbst entschieden hat. Diese Entscheidung wurde dann von vielen Juristen angegriffen, weil die Verfahrensregeln, die im Fall einer erfolgreichen Verfassungsbeschwerde anzuwenden sind, damals völlig fehlten. Wegen des Fehlens dieser Regelung stellte das Verfassungsgericht später eine Verfassungsverletzung durch gesetzgeberisches Unterlassen fest, und auf diese Verfassungsgerichtsentscheidung hin wurde 1999 das Gesetz 1952:III über die Zivilprozessordnung (ZPO) geändert. Der Erlass der Verfahrensregel wurde entscheidend für die spätere Rechtsprechung des Verfassungsgerichts: Es nahm eine engere Auslegung seiner Zuständigkeit an. Danach sei die richterliche Auslegung von Rechtsnormen kein Gegenstand eines Verfassungsbeschwerdeverfahrens. Damit maß es der nachträglichen Normenkontrollfunktion der Verfassungsbeschwerde mehr Gewicht bei. Die Feststellung der Verfassungswidrigkeit einer Rechtsnorm führte zum Verbot ihrer Anwendung. Im Licht dieser Entwicklung stellt der oben erwähnte Fall „Jánosi“ eine Ausnahme dar.

Die Ursache der oben dargestellten Rechtsprechung des Verfassungsgerichts war meiner Meinung nach das Fehlen einer eindeutigen Regelung. Das ehemalige Gesetz über das Verfassungsgericht enthielte keine Zuständigkeitsnorm hinsichtlich der Überprüfung von richterlichen Entscheidungen. Das heutige Gesetz hingegen stellt die Frage durch eindeutige Zuständigkeitsnormen klar.

Das Inkrafttreten der neuen Regelung wurde von vielen Fragen begleitet. Viele Juristen befürchteten eine eventuelle Überbelastung des Verfassungsgerichts und betonten die Festlegung von klaren Annahmevoraussetzungen. Da die Ausschöpfung der Rechtsmittel nach Meinung der meisten Juristen die Inanspruchnahme des ordentlichen Rechtswegs bedeutet, tauchte die Frage auf, ob gegen ein rechtskräftiges Gerichtsurteil zwei Verfahren – d.h. ein Revisionsverfahren vor der Kurie und ein Beschwerdeverfahren vor dem Verfassungsgericht – gleichzeitig in Gang gebracht werden können. Die Auflösung der Gefahr paralleler Verfahren findet ihre Rechtsgrundlage in § 60 des neuen Gesetzes über das Verfassungsgericht. Diese Vorschrift berechtigt das Verfassungsgericht, das vor ihm anhängige Verfahrens bis zum Abschluss des Verfahrens vor einem Gericht, einer anderen Behörde oder einer völkerrechtlicher Organisation auszusetzen, wenn der Gegenstand dieses letzteren Verfahrens eine Vorfrage ist, die das verfassungsgerichtliche Verfahren in der Sache selbst berührt, und die Aussetzung aus Gründen der Rechtssicherheit, wegen eines besonderen Interesses des Beschwerdeführers oder aus einem anderem besonders wichtigem Grund notwendig ist. Im Fall von parallelen Verfahren könnte der „andere besonders wichtige" Grund darin liegen, dass die in der richterlichen Auslegung des einfachen Rechts liegende Grundgesetzwidrigkeit vor der Kurie schneller korrigiert werden kann.

2. Übersicht über das Verfahren gemäß Kapitel XXIV. Zivilprozessordnung vor der Kurie

Nach einer erfolgreichen Verfassungsbeschwerde – mit Ausnahme von Strafsachen, wo das Verfahren wiederholt werden muss – bestimmt die Kurie das prozessrechtliche Mittel, durch das die Grundrechtsverletzung geheilt wird. Dies geschieht in zwei Fällen:

a) Wenn das Verfassungsgericht aufgrund einer „traditionellen" Verfassungsbeschwerde eine grundgesetzwidrige Rechtsnorm aufgehoben hat, ist deswegen diese Rechtsnorm in dem der Beschwerde zugrunde liegenden Einzelfall nicht mehr anzuwenden, es sei denn, das Verfassungsgericht ordnet etwas Abweichendes an.
b) Das Verfassungsgericht hat aufgrund einer „echten" Verfassungsbeschwerde ein Gerichtsurteil aufgehoben.

Im Fall a) kann die Kurie zweierlei entscheiden:

i) Wenn es um die Aufhebung einer materiell-rechtlichen Norm geht und in dem zugrunde liegenden Rechtsstreit ausschließlich ein Gerichtsverfahren eingeleitet wurde, informiert die Kurie den Beschwerdeführer, dass er innerhalb von 30 Tagen beim erstinstanzlichen Gericht einen Antrag auf Wiederaufnahme des Verfahrens stellen kann.

ii) Wenn es um die Nichtigkeit einer prozessrechtlichen Norm geht, ordnet die Kurie die Wiederholung des Verfahrensabschnitts, dessen Ausgang von der aufgehobenen Rechtsnorm beeinflusst werden konnte, an und hebt gleichzeitig die diesen Abschnitt abschließende Entscheidung auf.

In beiden Fällen wird das Verfahren der Kurie auf Antrag des Beschwerdeführers eingeleitet. Die Frist beträgt 30 Tage ab Zustellung des Verfassungsgerichtsbeschlusses.

Im Fall b) gibt es auch zwei Entscheidungsmöglichkeiten:

i) Wenn das Verfassungsgericht ausschließlich ein Gerichtsurteil aufhebt, verweist die Kurie die Sache zur neuen Entscheidung an die erste oder zweite Instanz zurück oder ordnet, wenn es um die Aufhebung eines Urteils der Kurie selbst geht, eine neue Entscheidung über den Revisionsantrag an.
ii) Wenn neben dem Gerichtsurteil auch andere, von dem Gericht überprüfte Hoheitsakte aufgehoben wurden, teilt die Kurie dies der erlassenden Behörde mit, um die notwendigen Maßnahmen zu treffen, und informiert gleichzeitig den Beschwerdeführer.

In diesen Fällen wird das Verfahren der Kurie von Amts wegen eingeleitet.

Die Kurie entscheidet über die verfahrensrechtliche Wirkung der Entscheidung des Verfassungsgerichts, weshalb sie bei der Auswahl der Rechtsfolge immer Rücksicht auf den Inhalt der verfassungsgerichtlichen Entscheidung nehmen muss.

3. Die Tätigkeit des „öffentlich-rechtlichen Senats" der Kurie nach dem Geschäftsverteilungsplan für das Geschäftsjahr 2015

Das in Kapitel XXIV. der ZPO enthaltene, aufgrund einer erfolgreichen Verfassungsbeschwerde eingeleitete Verfahren wird von einem Dreiersenat der Kurie abgewickelt. Diesen Senat wird kurz „öffentlich-rechtlicher Senat" genannt.

Als Verwaltungseinheit besteht dieser Senat aus sieben Richtern. Zwei Richter sind Vorsitzende des Senats, d.h. sie sind ständige Mitglieder jedes aktuellen Dreiersenats. Der Vorsitzende wählt aus den anderen – in Zivil- bzw. Verwaltungssachen tätigen – Richtern die zwei weiteren Mitglieder aus, von denen mindestens ein Richter aus dem Rechtsgebiet des Ausgangsfalls stammen muss.

II. Ein Beispiel für die „unmittelbare" Beschwerde: Verfassungsgerichtsbeschluss 33/2012. (VII. 17.) AB

Als Teil der Justizreform von 2011 legte das neue Gesetz über die Rechtsstellung der Richter die Altersgrenze für die Ausübung des Richteramtes als das für den Richter geltende Rentenalter fest. Die frühere Altersgrenze für Richter hatte bei 70 Jahren gelegen, während das neue Recht die Grenze bei 62 Jahren zog[1]. Gegen die Herabsetzung der vorigen Altersgrenze wurden mehrere Verfassungsbeschwerden eingereicht. Die Beschwerdeführer wiesen unter anderem auf die Verletzung des Gleichheitssatzes (unvernünftige Ungleichbehandlung aufgrund des Alters), der Menschenwürde, des Eigentumsrechts sowie der richterlichen Unabhängigkeit - genauer gesagt, auf die Verletzung des allgemeinen Entlassungs- und Versetzungsverbots - hin.

Das Verfassungsgericht hat die „unmittelbare", d.h. unmittelbar gegen die Rechtsnorm gerichtete Verfassungsbeschwerde im Hinblick darauf zur Entscheidung angenommen, dass die angefochtene Gesetzesbestimmung eine zwingende Norm ist, die ihre Rechtswirkung ohne richterliche Rechtsanwendung durch die Entlassungsbeschlüsse des Staatspräsidenten entfaltet. In dem auf einen solchen Beschluss eventuell folgenden Dienstrechtsstreit spielt das Gericht eine formale Rolle: Es kann nur prüfen, ob der Richter das für ihn geltende Rentenalter erreicht hat. Deswegen ist dieses Rechtsmittel zur Heilung der von den betroffenen Richtern gerügten Rechtsverletzung von vorherein ungeeignet, weshalb seine Ausschöpfung nicht gefordert werden kann.

Das Verfassungsgericht stellte fest, dass die genannte Vorschrift des neuen Richtergesetzes grundgesetzwidrig ist, und hob sie auf. In der Begründung seiner Entscheidung betonte das Verfassungsgericht, dass alle Bestimmungen des Grundgesetzes, einschließlich derjenigen über richterlichen Unabhängigkeit, im Einklang mit den Errungenschaften der historischen Verfassung Ungarns ausgelegt werden sollen[2]. Im vorliegenden Fall stellt das Entlassungs- und Versetzungsverbot, das aus der richterlichen Unabhängigkeit fließt, eindeutig eine solche Errungenschaft dar, da es schon 1869 in dem ersten ungarischen Richtergesetz niedergelegt wurde. Das Verfassungsgericht wies auf den persönlichen Aspekt der Unabhängigkeit hin, der sich als die Freiheit definieren lässt, die für eine Rechtsprechung ohne äußere Einflussnahme unverzichtbar ist. Daraus folgt die Stabilität des Richteramtes als

1 Zur Herabsetzung des Renteneintrittsalters für Richter s. den Beitrag von *H. Küpper* in diesem Band, Punkt II. 5. c) aa).

2 Zu den historischen Errungenschaften als Auslegungsmaxime für das neue Grundgesetz s. den Beitrag von *T. Sulyok* in diesem Band, Punkte III., IV. 2.

verfassungsmäßige Voraussetzung, die durch Garantien abzusichern ist. Eine dieser Garantien ist jene Bestimmung des Grundgesetzes, wonach der Richter nur aus den gesetzlich festgelegten Gründen aus seinem Amt entlassen werden kann. Deshalb ist nach Ansicht des Verfassungsgerichts die Beendung des Dienstverhältnisses ein wesentliches Element des Richteramtes, weshalb der Ruhestand keine rentenrechtliche, sondern eine dienstrechtliche Frage darstellt. Die dienstrechtliche Altersgrenze und das Rentenalter können nur dann voneinander getrennt werden, wenn dies in seiner Gesamtwirkung für die Richter nicht nachteilig ist. Wenn die Einführung einer neuen Altersgrenze geplant wird, kommt aus verfassungsrechtlicher Sicht nicht dem Maß, sondern der Art und Weise sowie der Frist der Einleitung eine große Bedeutung zu. Vor dem Inkrafttreten des Grundgesetzes war die Altersgrenze das 70. Lebensjahr. Das (neue) Grundgesetz enthält eine ziemlich kurze Bestimmung, nach der das richterliche Dienstverhältnis – mit Ausnahme des Präsidenten der Kurie – bis zur Vollendung des „allgemeinen Rentenalters" bestehen kann. Einzelbestimmungen enthält das Grundgesetz nicht, jedoch steht – im Hinblick auf das Entlassungsverbot – die konkrete Altersschranke des „allgemeinen Rentenalters" in direktem Zusammenhang mit der Frist der Einführung. Je weiter entfernt die neue Altersgrenze von dem vorher geltenden 70. Lebensjahr ist, desto mehr Zeit ist für die Einleitung notwendig. Die andere Voraussetzung ist, dass es nach dem Sinn des Wortes „allgemein" ausschließlich um eine für alle geltende, einheitliche Altersgrenze gehen darf (z.B. das 65. Lebensjahr). Demgegenüber legt die beanstandete Rechtsnorm das Erreichen des „für ihn geltenden" Rentenalters als Entlassungsgrund fest und verweist auf die in dem Rentengesetz enthaltene „bewegliche" Altersgrenze, die vom Geburtsjahr und vom Geschlecht abhängt. Dies hat zur Folge, dass die betroffenen Richter durch Anwendung eines mit einfacher Mehrheit beschlossenen Gesetzes in kurzer Zeit – nach Ablauf der Hälfte der offiziellen Beurlaubungszeit, d.h. nach drei Monaten – aus Amt entlassen werden bzw. ihnen die Verhandlung von Rechtssachen entzogen wird. Da das Fehlen einer geeigneten Übergangszeit das Entlassungsverbot aus inhaltlicher, die Bestimmung der Altersgrenze in einem mit einfacher Mehrheit beschlossenen Gesetz (mittels einer verweisenden Norm) aus formaler Sicht verletzt[3], ist die angefochtene Rechtsnorm grundgesetzwidrig.

Anzumerken ist, dass das Verfassungsgericht seinen Beschluss nicht einstimmig gefasst hat und mehrere Verfassungsrichter weder mit dem Tenor noch mit der Begründung einverstanden waren. Ein Verfassungsrichter hob in seinem

3 Zu dem Zweidrittelerfordernis für manche Gesetzgebungsmaterien s. in diesem Band die Beiträge von *H. Küpper*, Punkt III. 2., und *Z. Szabó*, Punkt III.

Sondervotum hervor, dass die „allgemeine“ Altersgrenze genau als eine vom Geburtsjahr abhängende, für eine bestimmte Altersklasse geltende Altersgrenze ausgelegt werden solle – eine abweichende Auslegung entbehre jeder vernünftigen Grundlage! Er übte auch an der formalen Grundgesetzwidrigkeit Kritik, unter Hinweis darauf, dass ein mit Zweidrittelmehrheit beschlossenes Gesetz nur die wesentlichen Elemente des Regelungsgegenstandes enthalten müsse, d.h. nicht alle seine Einzelbestimmungen einer qualifizierten Mehrheit bedürfen. Im vorliegenden Fall bilde das Erreichen des Rentenalters – als Entlassungsgrund – ein wesentliches konzeptionelles Element, während im Vergleich dazu die Berechnung des Alters eine technische Einzelheit sei.

Ein anderer Verfassungsrichter betonte in seinem Sondervotum, dass die persönliche Unabhängigkeit des Richters dem Gesetzgeber die Verpflichtung auferlege, die unabhängige und unparteiische Beurteilung von Rechtssachen zu gewährleisten. Und diese Verpflichtung werde nicht dadurch verletzt, dass die Beurteilung einer bestimmten Sache wegen des Übergangs des zuständigen Richters in den Ruhestand von einem anderen Richter übernommen wird.

Hier muss man bemerken, dass die Herabsetzung der Altersgrenze die Richterschaft in Massen berührte, z.B. wurden alleine an der Kurie 22 Richter entlassen, was erhebliche Probleme in der Arbeitsverteilung zur Folge hatte. Vielleicht hat die Herabsetzung der Altersgrenze die unparteiische Beurteilung von Rechtssachen nicht berührt, doch hat sie die Funktionsfähigkeit der Justiz in erheblichem Maß gefährdet!

III. Aufhebung von Urteilen von Instanzgerichten

1. Verfassungsgerichtsbeschluss 3/2013. (II. 14.) AB – Versammlungsfreiheit

Der Verfassungsgerichtsbeschluss Nr. 3/2013. (II. 14.) AB betraf die Verletzung der Versammlungsfreiheit durch die Unterlassung der Überprüfung eines Verwaltungsakts dem Grunde nach sowie die Problematik der zu „Verlagerungszwecken“ abgeschlossenen Verträge über die Nutzung des öffentlichen Raums. Der Beschwerdeführer war eine politische Partei, die am 15. März 2012, dem ungarischen Nationalfeiertag, auf dem „Hősök tere“ (Heldenplatz) in Budapest eine Veranstaltung organisieren wollte. Diese Absicht hat sie – in Übereinstimmung mit dem ungarischen Versammlungsgesetz – dem zuständigen Polizeikommissariat angemeldet. Das Kommissariat stellte in seinem Beschluss seine Unzuständigkeit mit Hinweis darauf fest, dass die Stadtverwaltung Budapest das Oberbürgermeisteramt zur Nutzung des historischen Platzes ermächtigt und deshalb der

Platz seinen Charakter als öffentlicher Raum „verloren" habe. Dagegen erhob der Beschwerdeführer Klage und beanspruchte die Aufhebung des Beschlusses des Kommissariats, da dieser Beschluss eine mit dem Verbot der Veranstaltung identische Wirkung habe, welche eine grundgesetzwidrige Beschränkung der Versammlungsfreiheit darstelle. Das angegangene Gericht stellte in seinem Beschluss fest, dass die Feststellung des Polizeikommissariats über den Mangel seiner Zuständigkeit unrichtig war, zog hieraus jedoch den Schluss, dass es eine Entscheidung in der Sache selbst nicht treffen könne, da im gegebenen Fall eine Widerspruchsmöglichkeit bestehe. So verwies es die Sache auf den Weg des Widerspruchs an die Nationale Polizeibehörde. Die Verfassungsbeschwerde richtete sich gegen diese gerichtliche Entscheidung, und der Beschwerdeführer behauptete, dass die Unterlassung der Überprüfung der Sache eine Grundrechtsverletzung darstelle. Später bestätigte die Nationale Polizeibehörde den ersten Beschluss, was Gegenstand eines neuen Gerichtsverfahrens wurde. In diesem neuen Verfahren hob das Gericht beide Verwaltungsakte auf und verwies die Sache an das Polizeikommissariat zur erneuten Entscheidung zurück. In der Begründung seines Beschlusses betonte es, dass der Platz wegen des Nutzungsvertrags seinen Charakter als öffentlicher Raum nicht verliere, weshalb die Polizei in der Sache selbst hätte entscheiden müssen. Auch gegen dieses Urteil legte der Beschwerdeführer eine Verfassungsbeschwerde ein mit der Begründung, dass das Gericht die Bestimmungen über den Rechtsbehelf so ausgelegt habe, dass es wegen des Zeitfaktors unmöglich gewesen sei, die Veranstaltung zu dem gewünschten Zeitpunkt abzuhalten.

Das Verfassungsgericht vereinigte die Beschwerden – d. h. es verhandelte sie in einem Verfahren – und hob die erste richterliche Entscheidung auf. In seiner Begründung befasste sich das Verfassungsgericht zuerst mit der Behauptung, dass die Versammlungsfreiheit des Beschwerdeführers dadurch verletzt werde, dass das Gericht den ersten Verwaltungsakt dem Grunde nach nicht überprüft hatte. Es wies auf seine frühere Rechtsprechung hin, nach der die Versammlungsfreiheit einerseits – als Garantie für die Äußerung von Meinungen über öffentliche Angelegenheiten – Teil der Meinungsfreiheit ist, andererseits – zusammen mit der Meinungsfreiheit und der Vereinigungsfreiheit – eine Voraussetzung der demokratischen Gesellschaftsordnung bildet. Die Versammlungsfreiheit umfasst sowohl das Teilnahme- als auch das Organisierungsrecht, und die Auswahl des Veranstaltungsortes ist ein wesentliches Element des letzteren. Das Versammlungsgrundrecht schützt alle friedlichen Veranstaltungen unabhängig davon, ob sie im öffentlichen Raum oder auf einem für alle zugänglichen Privatgelände stattfinden. Aufgrund des Versammlungsgesetzes müssen aber nur die im öffentlichen Raum stattfindenden Veranstaltungen bei dem für den Veranstaltungsort zuständigen Polizeikommissariat im Voraus angemeldet werden. Im Fall dieser anmeldepflichtigen Veranstaltungen ist die Polizei berechtigt, die Abhaltung der Veranstaltung am gegebenen Ort und Zeitpunkt zu verbieten, wenn dies das ungestörte Funktionieren der Volksvertretungsorgane oder der Gerichte gefährden würde oder wenn der Verkehr auf andere Weise nicht zu gewährleisten ist. Das Verfassungsgericht betonte: Die öffentlichen Räume dienen traditionell als Foren der Öffentlichkeit, und deshalb genießen alle im öffentlichen Raum stattfindenden Versammlungen einen besonders starken verfassungsrechtlichen Schutz. Anders formuliert: Jeder Hoheitsakt, der die Nutzung des als Veranstaltungsort bezeichneten öffentlichen Raums beschränkt, muss den Anforderungen des Verhältnismäßigkeitsprinzips entsprechen. Das Versammlungsgesetz definiert den öffentlichen Raum als einen für alle zugänglichen Raum (Weg, Straße oder Platz). Dementsprechend hängt die Zuständigkeit der Polizei davon ab, ob es sich um einen für alle zugänglichen Raum handelt, der kein Privatgelände ist.

Nach Auslegung der Polizei kann die Anmeldung wegen Unzuständigkeit in zwei Fällen abgelehnt werden: einerseits, wenn die Polizei den Veranstaltungsort vorab als „Einsatzgebiet" qualifiziert hat, womit der Ort kraft Hoheitsakt seinen Charakter als öffentlicher Raum verliert, und andererseits, wenn die Anmeldung einen Ort bezeichnet, der in einem Vertrag über die Nutzung des öffentlichen Raums einer Privatperson oder einer Organisation zur Verfügung gestellt wurde. Über diese Verträge wird die Polizei von den Selbstverwaltungen regelmäßig informiert; jedoch hat das zuständige Polizeiorgan kein Aufsichtsrecht. Es kann die Rechtmäßigkeit dieser Verträge nicht prüfen, sondern es nimmt den Vertrag einfach zur Kenntnis. Nach ihrem eigenen Standpunkt ist die Polizei in solchen Fällen unzuständig, weil der bezeichnete Ort nicht mehr „für alle zugänglich" ist und deswegen die Anmeldung nicht mehr dem Versammlungsgesetz unterliegt.

Nach Ansicht des Verfassungsgerichts ist der Beschluss, in dem die Polizei ihre Unzuständigkeit festgestellt hat, als ein Verwaltungsakt zu betrachten, den die Betroffenen laut Versammlungsgesetz richterlich überprüfen lassen können und den das Gericht in der Sache selbst überprüfen muss. Dies folgt einerseits aus der Gesetzesbestimmung, nach der kein Widerspruch gegen den Beschluss der Polizei zulässig ist, sondern der Veranstalter innerhalb von drei Tagen die richterliche Überprüfung des Beschlusses beantragen kann. Andererseits hätte die Polizei, wenn sie in Übereinstimmung mit den Vorschriften des Verwaltungsverfahrensgesetzes vorgegangen wäre, die Sache gleichzeitig mit der Feststellung ihrer Unzuständigkeit an die zuständige Behörde abgeben sollen. Dazu hatte sie aber keine Möglichkeit gehabt, da es keine andere zuständige Behörde gibt. So hat das Polizeiorgan das Bestehen eines öffentlich-rechtlichen Rechtsverhältnisses verneint, und deshalb ist sein Beschluss in seiner Wirkung als mit einer Ablehnung identisch zu betrachten. Dementsprechend hätte das Gericht bei der Überprüfung des Beschlusses über die Sache selbst entscheiden müssen, d.h. darüber, ob der Vertrag über die Nutzung des öffentlichen Raums als Rechtsgrundlage der Unzuständigkeit rechtmäßig zustande gekommen ist.

Solche Verträge gelten als Ausübung des Verfügungsrechts über das Eigentum der Selbstverwaltung, die von der erwähnten traditionellen Funktion öffentlicher Räume beschränkt wird. Die Selbstverwaltung ist berechtigt, die nicht bestimmungsgemäße – d.h. den Zugang anderer Personen beschränkende – Nutzung des öffentlichen Raums in einer Verordnung zu regeln oder eine derartige Nutzung von einer Genehmigung abhängig zu machen. Grundgesetzwidrig sind aber alle Vorschriften, die die im Versammlungsgesetz enthaltenen Voraussetzungen ergänzen oder die unter der Hand die Beschränkung der Versammlungsfreiheit bezwecken. Im vorliegenden Fall wurde einerseits der Nutzungsvertrag zum Zwecke der Abhaltung des Nationalfeiertages zwischen der Stadtverwaltung und einem ihrer Organe, dem Oberbürgermeisteramt, abgeschlossen, d.h. die Generalversammlung der Hauptstadt hat sich selbst eine Nutzungsgenehmigung erteilt. Andererseits legt die diesbezügliche Verordnung der Stadtverwaltung selbst fest, dass politische Veranstaltungen keine Nutzungsgenehmigung benötigen. Nun schließt diese Kategorie aber auch staatliche und kommunale Festveranstaltungen ein. Der genannte Vertrag hatte keinen vernünftigen Grund, so hat das Verfassungsgericht begründetermaßen den Schluss gezogen, dass der Vertrag zum Zwecke der „Verlagerung" verschiedener Versammlungsorte in Budapest diente und deshalb als Rechtsmissbrauch zu betrachten ist. Noch dazu hat das Oberbürgermeisteramt nach dem ersten Beschluss der Polizei auf die Nutzung des betreffenden Orts am 15. März verzichtet. Fazit: Wenn das Gericht die Sache dem Grunde nach geprüft und die genannte Verzichtserklärung berücksichtigt hätte, hätte die Veranstaltung – mangels gesetzlicher Hindernisse – zum gegebenen Zeitpunkt abgehalten werden können. Dadurch, dass das Gericht die Überprüfung des Verwaltungsakts dem Grunde nach unterließ, beschränkte es grundgesetzwidrig die Versammlungsfreiheit des Beschwerdeführers. Deswegen hob das Verfassungsgericht den ersten Gerichtsbeschluss auf.

Da die Veranstaltung am 15. März 2012 abgehalten werden sollte, betonte das Verfassungsgericht selbst, es sei unmöglich, die Grundrechtsverletzung nachträglich zu heilen, und seine Entscheidung diene eher der moralischen Entschädigung des Beschwerdeführers. Dementsprechend stellte der Dreiersenat der Kurie fest, dass eine Zurückverweisung der Sache im vorliegenden Fall unzulässig ist.

2. Verfassungsgerichtsbeschluss 3/2015. (II. 2.) AB – Meinungsfreiheit und Marktgeschehen

Im Verfassungsgerichtsbeschluss Nr. 3/2015. (II. 2.) AB[4] stand das Verbot der Marktmanipulation gegen die Pressefreiheit. Der Beschwerdeführer, das Online-Nachrichtenportal www.napi.hu, hatte im Oktober 2013 einen Artikel veröffentlicht, in dem es darüber informierte, dass der Öl-Fonds Norwegen den Verkauf seiner Aktien am ungarischen Mineralölkonzerns MOL in Erwägung ziehe. Grund hierfür waren der Korruptionsverdacht bezüglich des Erwerbs von Beteiligungen in Kroatien und die Fahndung gegen dem Vorstandsvorsitzenden; der Ethikkodex des Öl-Fonds verbietet den Erwerb von Aktien an einer Gesellschaft, gegen die wegen Korruptionsverdachts ermittelt wird. Wegen dieses Artikels leitete die Aufsichtsabteilung der Ungarischen Nationalbank ein Aufsichtsverfahren ein und stellte fest, dass der Beschwerdeführer das Verbot der Marktmanipulation verletzt habe. In der Begründung ihres Beschlusses wies die Aufsichtsabteilung darauf hin, dass der Artikel, obwohl er auf wahren Informationen basiert, über die Tatsachen größtenteils durch Untersuchung des äußersten Szenarios, d.h. der Ausschließung der MOL-Aktien aus dem Öl-Fonds, berichtet habe. Dies sei in erheblichem Maße geeignet, das Verhalten der Investoren zu beeinflussen. Im Hinblick darauf, dass der Beschwerdeführer die Wahrscheinlichkeit des Szenarios nicht geprüft hatte und diese Nachlässigkeit die Veröffentlichung irreführender Informationen zur Folge gehabt habe, erlegte die Nationalbank dem Beschwerdeführer eine Geldstrafe von 3 Mio. HUF, d.h. ca. 9.800,- €, auf. Gegen diesen Beschluss erhob der Beschwerdeführer Klage, die vom Verwaltungsgericht mit der Begründung zurückgewiesen wurde, dass die Klage zu Unrecht auf die Meinungsfreiheit der Journalisten hinweise, denn die Nationalbank habe die Geldstrafe nicht aufgrund der Meinung, sondern aufgrund des irreführenden Charakters der veröffentlichten Informationen auferlegt. Das Gericht führte aus, dass Grundrechte im Gerichtsverfahren nicht unmittelbar geltend gemacht werden könnten.

Das Verfassungsgericht hob das Urteil des Verwaltungsgerichts auf, jedoch ließ es den Beschluss der Nationalbank unberührt, da die – den verfassungsrechtlichen Kriterien entsprechende – Überprüfung dieses Verwaltungsakts ausschließlich dem Gericht zustehe. In der Begründung seiner Entscheidung betonte das Verfassungsgericht, dass das Grundgesetz der Pressefreiheit einen besonderen Schutz gewährleistet, weil die Presse als Mittel des Informationserwerbs eine unverzichtbare Voraussetzung der freien Meinungsäußerung ist. Die Pressefreiheit ist kein unbeschränkbares Grundrecht, aber sie darf ausschließlich

---

4 Zu diesem Beschluss s. auch den Beitrag von *T. Sulyok* in diesem Band, Punkt V. 3.

im Einklang mit dem Verhältnismäßigkeitsprinzip beschränkt werden. Dieses Prinzip verpflichtet zuallererst den Gesetzgeber, bindet aber auch die Rechtsprechung, wenn es um die Anwendung einer Rechtsnorm geht, die ein Grundrecht beschränkt. So hat das Verwaltungsgericht zu Unrecht darauf hingewiesen, dass Grundrechtsaspekte im Gerichtsverfahren nicht zu prüfen sind. Es ist umgekehrt: Das Verwaltungsgericht hätte bei der Überprüfung des Verwaltungsakts die verfassungsrechtlichen Kriterien der Pressefreiheitsbeschränkung sehr wohl berücksichtigen müssen. Das Funktionieren der Kapitalmärkte ohne ungerechtfertigte Einflussnahme lässt sich als legitimen öffentlichen Zweck darstellen, dessen Schutz einen Eingriff in die Pressefreiheit rechtfertigt. Dieser Eingriff muss jedoch dem Erfordernis der Angemessenheit entsprechen, d.h. die Auslegung des Verbots der Marktmanipulation in Einzelfällen – insbesondere die Qualifikation des vorliegenden Verhaltens und die Auferlegung einer Sanktion – darf nicht die verfassungsmäßige Funktion der Presse, nämlich die Veröffentlichung wahrer Informationen beschränken. Daraus folgt zwingend die enge Auslegung des Begriffs „irreführende Information": Das bloße Erstellen eines möglichen Szenarios von zukünftigen Ereignissen – ohne eine irreführende, sich auf die Chancen beziehende Bearbeitung – ist nicht als irreführender Bericht zu betrachten. Ähnlich muss die erforderliche Sorgfalt eng auslegt werden: Die nötige Sorgfalt besteht einerseits in der Überprüfung der Wahrheit der zu veröffentlichenden Informationen gemäß den Berufs- und Standesregeln, andererseits aus dem Verbot der irreführenden Bearbeitung. Im vorliegenden Fall ist keine irreführende Bearbeitungsmethode festzustellen, welche die Sanktionierung des Presseberichts über wahre Informationen hätte rechtfertigen können. Das Verwaltungsgericht hat die genannten verfassungsrechtlichen Kriterien überhaupt nicht in Erwägung gezogen und dadurch die Pressefreiheit verletzt.

In seiner Entscheidung betonte das Verfassungsgericht, dass die erneute, den dargelegten verfassungsrechtlichen Kriterien entsprechende Überprüfung des Beschlusses der Nationalbank dem Verwaltungsgericht zusteht. So ließ es den Verwaltungsakt unberührt. Dementsprechend hat der Dreiersenat der Kurie die Sache zur neuen Entscheidung an das Verwaltungsgericht zurückverwiesen.

IV. Aufhebung von Urteilen der Kurie

1. Verfassungsgerichtsbeschluss 5/2014. (II. 14.) AB – Informationsfreiheit

Dem Verfassungsgerichtsbeschluss Nr. 5/2014. (II. 14.) AB lag die Abweisung einer Klage auf Zugang zu öffentlichen Informationen zugrunde. Im März 2010 beantragte der Beschwerdeführer Zugang zum Due-Diligence-Bericht des Wasserwerks Pécs, aber die Stadtverwaltung lehnte seinen Antrag mit der Begründung ab, dass der Bericht nach den maßgebenden Rechtsvorschriften als Vorbereitungsdokument gelte. Danach erhob der Beschwerdeführer Klage auf Zugang zu öffentlichen Informationen, die sowohl in der ersten als auch in der zweiten Instanz mit der Begründung zurückgewiesen wurde, es gehe um Informationen, die der Vorbereitung einer behördlichen Entscheidung dienen. In dem Revisionsverfahren bestätigte die Kurie diese Rechtsansicht. Sie hielt die Begründung des Urteils für rechtmäßig, da der in Frage kommende Bericht bis zum Ende des Entscheidungsverfahrens als vorbereitendes Datum zu betrachten sei. Da vorbereitende Daten bis zu dem Zeitpunkt, an dem auf ihrer Grundlage eine Entscheidung getroffen wird, nicht als öffentliche Information gelten, brauchen sie dem Bürger nicht zugänglich gemacht werden. Eine eventuelle Veröffentlichung solcher Daten bleibe dem Ermessen der zuständigen Behörde – als Datenverarbeiter – überlassen, weshalb das Gericht die Erforderlichkeit und die Angemessenheit der Verweigerung des Zugriffs nicht überprüfen könne.

Das Verfassungsgericht hielt das Urteil der Kurie für grundgesetzwidrig und hob es auf. In der Rechtfertigung seines Beschlusses legte das Verfassungsgericht die Vorschriften des im Zeitpunkt des Informationsantrags geltenden Datenschutzgesetzes im Lichte der früheren Rechtsprechung aus, da es im Jahre 2012 in einem Beschluss klargestellt hatte, dass wenn es eine inhaltliche oder kontextuelle Übereinstimmung zwischen dem neuen Grundgesetz und der früheren Verfassung besteht, die vom Verfassungsgericht früher ausgearbeiteten Grundsätze und Kriterien als Argumente benutzt werden können[5]. Nach der früheren Rechtsprechung muss jede Beschränkung der Informationsfreiheit dem Verhältnismäßigkeitsprinzip entsprechen. Anders formuliert: Die Verweigerung des Zugangs ist in jedem Fall zu rechtfertigen, weshalb alle Rechtsnormen, die einen Ermessensspielraum in dieser Hinsicht gewährleisten, per se grundgesetzwidrig sind. Dies hat zur Folge, dass die Rechtsgrundlagen der Verweigerung auch im Gerichtsverfahren dem Grunde nach überprüft werden müssen. Im Fall von vorbereitenden Daten ist die Ablehnung des Antrags nur dann gerechtfertigt, wenn a) die Daten tatsächlich zur Begründung einer bestimmten Entscheidung dienen und ein konkretes Entscheidungsverfahren anhängig ist sowie b) der Zugang zu den Daten das rechtmäßige Funktionieren der zuständigen Stelle

5 Zur Möglichkeit, zur Auslegung des neuen Grundgesetzes auf die Verfassungsrechtsprechung zur alten Verfassung zurückzugreifen, s. in diesem Band die Beiträge von *H. Küpper*, Punkt II. 5. b) bb), und *T. Sulyok*, Punkt III.

oder die unbeeinflusste Erfüllung ihrer Aufgaben oder die freie Meinungsbildung während der Entscheidungsvorbereitung gefährden würde. Diese Umstände müssen in der Begründung der ablehnenden Entscheidung dargelegt werden. Der „Vorbereitungscharakter" alleine bewirkt keinen automatischen Ausschluss der Öffentlichkeit. Dadurch, dass die Kurie mit Hinweis auf die der Entscheidung vorangehende Vorbereitungsphase davon abgesehen hat, den Test der Verhältnismäßigkeit anzuwenden und die Rechtmäßigkeit der Ablehnung zu überprüfen, hat sie die Informationsfreiheit verletzt.

Das aufgehobene Urteil der Kurie bestätigte das rechtskräftige Urteil des Gerichts zweiter Instanz, das die inhaltliche Überprüfung der Ablehnung ebenso unterlassen hatte. Die Kompetenz des Verfassungsgerichts schließt die Prüfung des Tatbestandes - z.B. ob es wirklich um Vorbereitungsdaten geht - nicht ein. In Hinblick darauf hat der Dreiersenat der Kurie sowohl das erstinstanzliche als auch das zweitinstanzliche Urteil aufgehoben und die Sache zur erneuten Entscheidung an das Gericht erster Instanz zurückverwiesen. In dem wiederholten Verfahren muss die inhaltliche Überprüfung nach den obigen Kriterien durchgeführt werden.

Zu diesem Verfahren sind mehrere Anmerkungen zu machen.

1) Die Entscheidung des Verfassungsgerichts war nicht einstimmig. Mehrere Verfassungsrichter waren weder mit dem Tenor noch mit der Begründung einverstanden. Ein Richter legte in seinem Sondervotum dar, dass die im Zeitpunkt des Informationsantrags geltende Rechtsnorm für den Fall, dass die Entscheidung noch nicht getroffen ist, eine automatische Verweigerung des Zugangs ermöglicht. Wegen dieser allgemeinen Regel sei die Entscheidung der Kurie nicht grundgesetzwidrig.
2) Das Verfassungsgericht hatte bereits in einem ähnlichen Fall entschieden: Beschluss Nr. 21/2013. (VII. 19.) AB. Dort hatte der Beschwerdeführer Zugang zu einem Bericht des Budapester Opernhauses beantragt. Das zuständige Ministerium für Nationale Ressourcen lehnte den Informationsantrag ab, danach erhob der Beschwerdeführer Klage auf Zugang zu öffentlichen Informationen, die vom Gericht sowohl erster als auch zweiter Instanz mit der Begründung abgelehnt wurde, dass der Bericht als „vorbereitendes Datum" gilt. Die Urteile enthielten keine Angaben darüber, welcher Entscheidung der Bericht zugrunde lag und zu welchen Teilen das so war. Das Verfassungsgericht hob beide Urteile auf. In der Begründung seines Beschlusses betonte es, dass auch die Öffentlichkeit von „vorbereitenden Daten" ausschließlich in Übereinstimmung mit dem Verhältnismäßigkeitsprinzip beschränkt werden kann. Dementsprechend muss in der Begründung jeder ablehnenden Entscheidung in allen Einzelheiten

> erklärt werden, a) welcher Entscheidung die Daten zugrunde liegen und b) inwiefern der Zugang zu den Daten den Entscheidungsprozess beeinflussen würde, d.h. ob er die effektive Arbeit von Amtsträgern unmöglich machen würde. Diese inhaltliche Prüfung muss auch das Gericht durchführen, das den Verwaltungsakt zu überprüfen hat. Dadurch, dass die Gerichte diese inhaltliche Prüfung unterließen, haben sie eine Grundrechtsverletzung begangen. Darüber hinaus kann die Beschränkung auch nicht dadurch gerechtfertigt werden, dass die öffentliche Information zusammen mit anderen, nicht öffentlichen Daten (z.B. mit persönlichen Daten) verarbeitet wird, denn die letzteren können ohne besondere Hindernisse anonymisiert werden. Die zuständigen Stellen müssen nämlich an der Verwirklichung der Grundrechte aktiv mitwirken. Aus diesem Grundsatz folgt ihre Verpflichtung, die geschützten, z.B. persönlichen Daten zu schwärzen oder auf andere Art zu anonymisieren.

Als Schlussfolgerung bleibt festzuhalten, dass der Meinungsunterschied zwischen dem Verfassungsgericht und der Kurie sich darin fassen lässt, ob der Test der Verhältnismäßigkeit oder die Effektivität der Staatsverwaltung als Rechtsgrundlage der Ablehnung schon vor der Entscheidung anzuwenden sind oder erst, nachdem die Entscheidung getroffen wurde.

2. Verfassungsgerichtsbeschluss IV/1061/2015/AB – Wahlverfahren

In dem Beschluss Nr. IV/1061/2015/AB befasste sich das Verfassungsgericht im Zusammenhang mit einem Wahlverfahren mit der Frage, wo die Grenze zwischen Tatsachenbehauptung und Meinungsäußerung zu ziehen ist. In diesem Fall war der Beschwerdeführer das lokale Organ einer politischen Partei, gegen die der rivalisierende Kandidat einen Einwand zur Wahlkommission des Einzelwahlkreises[6] erhoben hatte. Grund des Einwandes war, dass das Parteiorgan auf seiner sozialen Medienseite eine Videoaufnahme über den rivalisierenden Kandidaten veröffentlicht hatte, die die Botschaft enthielt, dass der Rivale Mitglied des Führungspersonals der Aluminiumfabrik gewesen war, die die Verantwortung für den Industrieunfall und die Umweltkatastrophe vom Oktober 2010, die als „Kolontár-Dammbruch" bekannt wurde, trug. Der Rivale, so die Videoaufnahme, „hätte die Katastrophe verhindern müssen, jedoch hat er nichts getan". Nach Meinung des Rivalen verbreite das Parteiorgan unrichtige Tatsachen und verletze dadurch nicht nur seinen guten Ruf, sondern beeinflusse auch den Wählerwillen

6 Zu Wahlkreisen und generell zum Wahlsystem s. den Beitrag von *S. Priebus* in diesem Band.

auf unzulässige Weise. Die Wahlkommission des Einzelwahlkreises wies den Einwand mit der Begründung ab, dass der Kandidat im Zeitpunkt der Katastrophe Mitglied des Aufsichtsrats der Firma gewesen war und es offenkundig sei, dass seitens der Firma niemand entsprechende Maßnahmen getroffen habe, um die Tragödie zu vermeiden. Die Nationale Wahlkommission bestätigte den Beschluss erster Instanz und ergänzte die Begründung um das Argument, dass sich die Botschaft der Videoaufnahme auf die Geeignetheit des Kandidaten beziehe und als solche in engem Zusammenhang mit der Auseinandersetzung über öffentliche Angelegenheiten stehe. Demzufolge gehe es hier um eine Meinungsäußerung, die unter dem Schutz der Meinungsfreiheit steht. In dem Revisionsverfahren änderte die Kurie jedoch den Beschluss der Nationalen Wahlkommission ab und verbot dem Parteiorgan die Fortsetzung der Rechtsverletzung. In der Begründung ihres Beschlusses legte die Kurie dar, dass die Videoaufnahme nicht nur Meinungsäußerungen, sondern auch Tatsachenbehauptungen enthalte. Meinungsäußerungen stehen eindeutig unter dem Schutz der Meinungsfreiheit, jedoch kann diese Freiheit nicht der Beschuldigung anderer Personen mit schweren Straftaten aufgrund unrichtiger Tatsachenbehauptungen rechtfertigen. Deswegen verletze die streitgegenständliche Äußerung den auch im Wahlgesetz enthaltenen Grundsatz von Treu und Glauben.

Das Verfassungsgericht hielt den Beschluss der Kurie für grundgesetzwidrig und hob ihn auf. In der Begründung seiner Entscheidung wies das Verfassungsgericht auf seine frühere Rechtsprechung hin, nach der der Wahlkampf eine Erscheinungsform der freien Auseinandersetzung über öffentliche Angelegenheiten ist, weshalb sich die Meinungsfreiheit auch auf den Wahlkampf bezieht. Es ist ein öffentliches Interesse, dass über die Geeignetheit der einzelnen Kandidaten und die Programme der verschiedenen Parteien gestritten wird, und dies rechtfertigt auch die Beschränkung der persönlichen Rechte der beteiligen Personen des öffentlichen Lebens. So genießen die Äußerungen über die Geeignetheit eines Kandidaten als Meinungsäußerungen verfassungsrechtlichen Schutz, im Gegensatz zu jenen Äußerungen, die außerhalb dieses Kreises fallen und die die bloße Beschämung und Erniedrigung der anderen Person bezwecken. Folglich hat das Verfassungsgericht geprüft, ob die veröffentlichte Videoaufnahme bzw. ihre Botschaft in den Kreis der Auseinandersetzung über öffentliche Angelegenheiten gehört. Unter Berücksichtigung aller Umstände des Falles stellte es fest, dass die vorliegenden Äußerungen eindeutig dieser Kategorie angehören. Die Meinungs- oder Redefreiheit kann sich auch auf Tatsachenbehauptungen beziehen. Einerseits kann die Mitteilung einer Tatsache ebenso eine persönliche Meinung zum Ausdruck bringen, andererseits wäre es ohne Tatsachenbehauptungen unmöglich, eine Meinung zu formen. Die Kurie habe keine Rücksicht darauf genommen, dass das Parteiorgan die Videoaufnahme nicht im Interesse der strafrechtlichen Verfolgung des rivalisierenden Kandidaten, sondern als Meinungsäußerung bzw. als politische Meinung veröffentlicht hatte, und dadurch habe sie mit ihrem Beschluss die Meinungsfreiheit verletzt.

Aus der Entscheidung des Verfassungsgerichts folgte, dass das Urteil der Kurie aufgehoben wurde und so der Rechtsschutzantrag gegen den Beschluss der Nationalen Wahlkommission ohne Endurteil blieb. So hat der Dreiersenat der Kurie den für den Fall zuständigen Senat zur erneuten Entscheidung angewiesen.

V. Zusammenfassung

Seit dem 1. Januar 2012 sind insgesamt 489 Verfassungsbeschwerden gegen Gerichtsurteile eingereicht worden, davon hat das Verfassungsgericht in 17 Fällen die richterliche Entscheidung aufgehoben. Diese Zahl beträgt weniger als 5 Prozent aller Verfassungsbeschwerden. Dennoch müssen wir darüber nachdenken, welche Lehren wir daraus ziehen können und sollen.

1. Die Frage der Gebundenheit an die Entscheidung des Verfassungsgerichts

Bei der Entscheidung über das prozessrechtliche Mittel der Heilung der Grundrechtsverletzung ist die Kurie verpflichtet, den Beschluss des Verfassungsgerichts zu berücksichtigen. Daraus folgt es aber nicht, dass die Kurie die Begründung der Entscheidung automatisch übernehmen soll. Nach dem Standpunkt des öffentlichrechtlichen Senats der Kurie können dem Gericht, das erneut entscheiden soll, nur diejenigen Anweisungen gegeben werden, die die prozessrechtlichen Bestimmungen ermöglichen.

2. Die Unverzichtbarkeit der Grundrechtsprüfung

In den Fällen, die ein Grundrecht betreffen, kann auf die Prüfung der grundrechtlichen Anforderungen nicht verzichtet werden, da genau in diesen Fällen mit einem Verfassungsbeschwerdeverfahren gerechnet werden muss. Die „grundrechtskonforme" Auslegung kann das Umdenken von materiell-rechtlichen Normen nötig machen, auch wenn zu der gegebenen Norm eine seit langem unveränderte und für richtig gehaltene Rechtsprechung besteht.

3. Die Einheitlichkeit der Rechtsprechung des Verfassungsgerichts

Da das Verfassungsgericht die richterliche Auslegung aus grundrechtlicher Sicht korrigiert, stellt sich die offensichtliche Frage, ob die Rechtsprechung des Verfassungsgerichts Konsistenz hat. Aus diesem Grund analysiert der öffentlichrechtliche Senat der Kurie regelmäßig die Entscheidungen, die in ähnlichen Fällen (z.B. Meinungsfreiheit in Wahlverfahren) getroffen wurden.

4. Das Verfassungsgericht als Superrevisionsinstanz?

In zwei Fällen hat das Verfassungsgericht den Beschluss der Kurie in einer Wahlrechtssache aufgehoben. In beiden Fällen beurteilte die Kurie ein bestimmtes Verhalten, und die Entscheidungen des Verfassungsgerichts haben im Wesentlichen diese Beurteilung abgeändert (Werturteil statt Tatsachenbehauptung). Dies ist sehr ähnlich der Situation, wenn ein Gericht höherer Instanz ein Tatbestandselement anders einschätzt als das Gericht unterer Instanz.

5. Steigender Anfall an Verfassungsbeschwerden

Die Anzahl der Verfassungsbeschwerden weist offensichtlich eine steigende Tendenz auf, und die Entscheidungen des Verfassungsgerichts werden die richterliche Anschauung sicherlich gestalten. Aber die große Herausforderung für die Justiz ist, dem Dreiersenat der Kurie so wenig Arbeit wie möglich zu machen.

6. Dialog zwischen den Gerichten?

Ein Dialog zwischen dem Verfassungsgericht und der Kurie ist nur in einem verfassungsmäßigen Rahmen möglich, unter strenger Beachtung der richterlichen ebenso wie der verfassungsrichterlichen Unabhängigkeit. Demzufolge kommen Besprechungen über Entscheidungen, die in anhängigen Fällen zu treffen sind, nicht in Frage. Ziel der Diskussion müssen die Bewältigung von Kompetenzkonflikten sowie der Rechtsprechungs- und Erfahrungsaustausch sein. Die Rechtsgrundlage des Dialogs findet sich in der Lösung des Gesetzgebers, die die Selbständigkeit des Verfassungsgerichts und der Gerichtsbarkeit wahrt, obwohl die Hoheitsakte der letzteren unter verfassungsgerichtliche Kontrolle stehen. Kern dieser Lösung ist, dass das Schlusswort – auch in vom Verfassungsgericht überprüften Sachen – von den Gerichten gesprochen werden muss. In Strafsachen geschieht dies durch die Wiederholung des Verfahrens, in Zivil- und Verwaltungssachen durch das Verfahren vor der Kurie.

In dieser Hinsicht gibt es zurzeit eine bestehende sowie eine geplante Form der Diskussion. Im Falle einer erfolgreichen Verfassungsbeschwerde wird die

Entscheidung des Verfassungsgerichts – zusammen mit den Akten der Sache – durch das Gericht erster Instanz der Kurie zugeleitet. Der Dreiersenat der Kurie entscheidet im Einklang mit dem Gesetz über die prozessrechtlichen Wirkungen der Entscheidung. Gleichzeitig analysiert aber der Dreiersenat den Inhalt der Entscheidung des Verfassungsgerichts und bildet seine Meinung. Über diese Analyse – die eventuell auch Kritik erheben kann – wird ein Bericht verfasst, den der Präsident der Kurie dem Präsidenten des Verfassungsgerichts zusendet. So können die Verfassungsrichter den Standpunkt der Kurie kennenlernen.

Die andere, noch nicht existierende Form des Dialogs wäre ein Konsultationsforum, dessen Mitglieder von den beiden Präsidenten aus den Verfassungsrichtern bzw. den Richtern der Kurie ernannt würden. Dieses Forum würde regelmäßig tagen und Fällen, die schon mit einer Entscheidung abgeschlossen wurden, diskutieren, damit die grundrechtlichen Anforderungen des Verfassungsgerichts im Rahmen der Gesetzesbestimmungen in vollem Umfang umgesetzt werden können.

Studien des Instituts für Ostrecht München

Begründet von Professor Dr. Reinhart Maurach
Herausgegeben von Professor Dr. Friedrich-Christian Schroeder,
Dr. h.c. (Breslau), Regensburg

Band 41 Manfred Gratzl: Die Reform der tschechischen Strafprozeßordnung nach 1989. Im Spannungsfeld von Rechtsstaatlichkeit, Verfahrensökonomie und Effizienz. 2002.

Band 42 Thomas Paintner: Die Insolvenz des Unternehmers in Polen. 2003.

Band 43 Niels von Redecker (Hrsg.): Deutsch-Estnische Rechtsfragen. 2003.

Band 44 Niels von Redecker: Die polnischen Vertreibungsdekrete und die offenen Vermögensfragen zwischen Deutschland und Polen. 2003. 2., durchgesehene Auflage 2004.

Band 45 Niels von Redecker: Das polnische Beamtenrecht. Entwicklung und Stand beim Beitritt Polens zur Europäischen Gemeinschaft. 2003.

Band 46 Cornelia Stefanie Wölk: Das Deliktsrecht Rußlands nach dem neuen Zivilgesetzbuch. 2003.

Band 47 Petr Bohata: Untersuchungshaft im deutschen und tschechischen Recht. 2003.

Band 48 Attila Széchényi: Das neue ungarische Strafprozessrecht im Spannungsverhältnis zwischen Rechtsstaatsprinzip, Verfahrensökonomie und Effizienz. 2003.

Band 49 Agnes Balawejder: Das polnische Telekommunikationsrecht. Umsetzungsbemühungen und -stand des telekommunikationsrechtlichen acquis communautaire im polnischen TK-Recht vor dem Unionsbeitritt Polens. 2004.

Band 50 Sven I. Oksaar / Niels von Redecker (Hrsg.): Deutsch-Estnische Rechtsvergleichung und Europa. 2004.

Band 51 Friedrich-Christian Schroeder (Hrsg.): Justizreform in Osteuropa. 2004.

Band 52 Herbert Küpper: Kollektive Rechte in der Wiedergutmachung von Systemunrecht. Teil I und Teil II. 2004.

Band 53 Sören Langner: Der GmbH-Geschäftsführer im tschechischen Recht. Organstellung und Anstellung im Rechtsvergleich. 2005.

Band 54 Herbert Küpper: Einführung in die Rechtsgeschichte Osteuropas. 2005.

Band 55 Anja Spitzweg: Das russische föderale Gesetz „Über Investmentfonds". 2007.

Band 56 Herbert Küpper: Die ungarische Verfassung nach zwei Jahrzehnten des Übergangs. Einführung mit Textübersetzung. 2007.

Band 57 Axel Boës: Die Gesellschaft mit beschränkter Haftung im russischen und deutschen Recht. 2007.

Band 58 Katrin Heinritz: „Defekte Demokratisierung" – ein Weg zur Diktatur? Turkmenistan und die Republik Sacha (Jakutien) in der Russischen Förderation nach dem Ende der Sowjetunion. 2007.

Band 59 Stefan Hülshörster: Recht im Umbruch. Die Transformation des Rechtssystems in der Ukraine unter ausländischer Beratung. 2008.

Band 60 Carsten Dewald-Werner: Versicherungsmarkt und Versicherungsaufsicht in der Russischen Föderation. 2008.

Band 61 Oleksiy Feliv: Die Hypothek im deutschen und ukrainischen Recht. Der systematische Vergleich des Hypothekenrechts in Deutschland und der Ukraine einschließlich der rechtstheoretischen Grundlagen und der Ausblicke für das gemeinsame Hypothekenrecht. 2009.

Band 62 Christoph Kurzböck: Die Abwicklung deutsch-tschechischer Erbfälle. 2010.

Band 63 Friedrich-Christian Schroeder / Herbert Küpper (Hrsg.): Die rechtliche Aufarbeitung der kommunistischen Vergangenheit in Osteuropa. 2010.

Band 64 Herbert Küpper / Wolfgang Brenn (Hrsg.): Rechtstransfer und internationale rechtliche Zusammenarbeit. Deutsche und japanische Erfahrungen bei der Kooperation mit Osteuropa und Zentralasien. 2010.

Band 65 Daniela Horner / Dragan Bataveljić: Grundeigentum und Registrierung von Liegenschaften in Serbien. Eigentumsschutz in der Praxis. 2010.

Band 66 Nail Mammadov: Die Straffreistellungsgründe im russischen und aserbaidschanischen Strafrecht im Vergleich zur deutschen Strafrechtsdogmatik. 2010.

Band 67 Matthias Farian: Dingliche Nutzungsrechte an fremden Grundstücken im russischen Recht. 2010.

Band 68 Manuchehr Kudratov: Die Straftatausschließungsgründe nach tadschikischem Strafrecht. Eine Analyse aus deutscher Perspektive. 2011.

Band 69 Michael Holland: Die Staatsanwaltschaft im russischen Strafprozess. 2012.

Band 70 Herbert Küpper: Ungarns Verfassung vom 25. April 2011. Einführung – Übersetzung – Materialien. 2012.

Band 71 Friedrich-Christian Schroeder / Manuchehr Kudratov (Hrsg.): Das strafprozessuale Vorverfahren in Zentralasien zwischen inquisitorischem und adversatorischem Modell. 2012.

Band 72 Tina de Vries (Hrsg.): Mediation als Verfahren konsensualer Streitbeilegung. Die deutsche, polnische und ukrainische Perspektive. 2012.

Band 73 Monika Lipińska: Die Sexualstraftaten im polnischen Strafkodex im Vergleich zum deutschen Strafgesetzbuch. 2013.

Band 74 Mirona Marisch: Das System der Arbeitnehmervertretung und des Sozialen Dialogs im rumänischen Recht im Vergleich zum deutschen Recht. 2013.

Band 75 Friedrich-Christian Schroeder / Manuchehr Kudratov (Hrsg.): Die strafprozessuale Hauptverhandlung zwischen inquisitorischem und adversatorischem Modell. Eine rechtsvergleichende Analyse am Beispiel des deutschen und des zentralasiatischen Strafprozessrechts. 2014.

Band 76 Evren Somer: Direct Democracy in the Baltic States. Institutions, Procedures and Practice in Estonia, Latvia and Lithuania. 2014.

Band 77 Florian Plagemann: Die russische Aktiengesellschaft. Darstellung aus Sicht des ausländischen Investors. 2014.

Band 78 Tatjana Seibel: Das russische Zwangsvollstreckungsrecht. Darstellung des Föderalen Gesetzes vom 02.10.2007 Nr. 229-FZ „Über das Vollstreckungsverfahren" unter Hervorhebung der Gemeinsamkeiten und Unterschiede zum deutschen Zwangsvollstreckungsrecht. 2015.

Band 79 Friedrich-Christian Schroeder / Tina de Vries (Hrsg.): Neue Tendenzen im Strafprozessrecht – Deutschland, Polen und die Ukraine. 2015.

Band 80 Herbert Küpper / Zoltán Csehi / Csaba Láng (Hrsg.): Vier Jahre ungarisches Grundgesetz. 2016.

www.peterlang.com

www.ingramcontent.com/pod-product-compliance
Ingram Content Group UK Ltd.
Pitfield, Milton Keynes, MK11 3LW, UK
UKHW021856290926
8980IPUK00005B/863

9 783631 671665